采薇

提高德育工作有效性的研究与探索

主　编　丁　丹
副主编　蒋茂霞

华南理工大学出版社
·广州·

图书在版编目（CIP）数据

采薇：提高德育工作有效性的研究与探索／丁丹主编．—广州：华南理工大学出版社，2022.1

ISBN 978-7-5623-6921-9

Ⅰ．①采… Ⅱ．①丁… Ⅲ．①中学-德育工作-研究 Ⅳ．①G631

中国版本图书馆 CIP 数据核字（2021）第 242117 号

Caiwei: Tigao Deyu Gongzuo Youxiaoxing De Yanjiu Yu Tansuo
采薇：提高德育工作有效性的研究与探索
丁丹 主编

出 版 人：卢家明
出版发行：华南理工大学出版社
（广州五山华南理工大学17号楼，邮编510640）
http://hg.cb.scut.edu.cn　E-mail：scutc13@scut.edu.cn
营销部电话：020-87113487　87111048（传真）
责任编辑：王　磊
责任校对：刘惠林
印 刷 者：广州市人杰彩印厂
开　　本：787mm×960mm　1/16　印张：10.75　字数：217千
版　　次：2022年1月第1版　2022年1月第1次印刷
定　　价：48.00元

版权所有　盗版必究　　印装差错　负责调换

编 委 会

主 任：周伟锋

副主任：黄连生　陈　暾　肖宏伟

　　　　丁　丹　黄　雄

前　言

学子如幼苗,从发芽到茁壮需要长久的过程,更需要精心呵护;德育如征途,有"杨柳依依"的和煦,也有"雨雪霏霏"的艰难。这是一个双向奔赴的过程,学生得以成长成熟,教师也得以成就自我。铁一中学始终坚持"德育为首"的理念,视人品为最高的"学位",既有严谨细致的管理,亦有春风化雨的关爱,用大爱成就大写的人格。

爱的教育——一个都不能少。铁一的老师们"有教无类"——无条件地接纳所有的孩子;"因材施教"——通过"看见"和"唤醒"为孩子们提供个性化的培养方案。在铁一,除了品学兼优的学生,叛逆的孩子、学有所惑的孩子、心有所忧的孩子,都会得到满满的关照,因为铁一始终坚守教育的初心,让更多孩子受到良好的教育,收获自信、进步、成长和发展。

严的管理——修身修心修行。铁一的老师们践行着"严谨崇实,追求卓越"的准则,文化浸润,春风化雨。注重抓德育常规。从仪表妆容的生活习惯,到言谈举止的行为习惯,再到尊敬师长、关爱同学的文明礼貌……铁一把德育落到实处,抓到细处,引导学生逐步实现从他律到自律,静以修身,俭以养德,进退有度,内心充盈。

实的活动——多彩多趣多益。育人并非生硬的说教,动之以情,晓之以理,才能事半功倍。铁一德育处每年都会开展系列主题活动,从唱响红歌的爱国教育,到动手动脑的劳动教育,再到尊重生命、疏导心理的健康教育……这些活动寓教于乐,于生动有趣的活动中培养学生的家国情怀,提升学生的劳动技能,释放学生的心理压力,培育爱党、爱国、爱家、爱自己、爱生活的阳光少年。

德育是一场静待花开的修行,老师们既要有等待的耐心,更要不断修炼

自我，拓展育人思维，提升育人实效，如此才能守望花开，助力花开，迎来硕果。

值铁一中学建校70周年之际，特将老师们的德育论文编辑成册，记录学生的成长点滴，讲述铁一的育人故事，展示铁一的育人智慧。路漫漫其修远兮，吾将上下而求索。学生各有不同，教育永无止境，铁一德育永远在路上！

广铁一中党委书记、校长

目录

理论探讨

2	关于生命教育的几点思考	林肖坛
6	优势视角下新困境学生的教育实践研究	刘 君
11	对"后进生"转化问题的几点思考	范选文
15	对初中生叛逆期教育的思考与策略	言 彦

班级管理

20	"点""面"结合，助力班级德育工作	曾雪刚
25	建设精神文化　引领学生成长	张亮红
32	文化引领　活动育人	
	——初中起始年级班级管理的几点体会	黄佳敏
37	集体教育与个体教育	
	——班级管理的两个抓手	罗俊杰
41	高中班级舆论管理策略浅析	陈 征
44	刚柔相济用真情　守得云开见月明	
	——初中"全派位班"班级管理路径探索	言 芳
47	疫情防控背景下的班级管理策略	蔡文高
51	班主任的角色认识及责任探讨	韩晓雪
56	基于首因效应的班级管理例谈	马小飞
58	优化教室环境　提升班级文化	孙海艳
62	班级文化建设的意义与策略	陈 亮
65	一个班主任的春夏秋冬	景 漾
69	学生学习的自我监测与管理的有效策略	傅海艳
74	高中班级长效管理机制的建立浅议	任诗雨

77	初三班级管理的几点思考	黄剑玲
80	加强班级管理　形成良好班风	艾显琴
83	特殊的考验	
	——疫情期间的班级管理故事	刘　苏
86	强者乐于互持　精英敢于自省	
	——尖子生培养的新尝试	程思永
90	初中班级之班风建设浅议	李佳美
93	新形势下初中班级管理的几点体会	王雯佳
96	高一年级系列班会教育的设计和实践	蒋茂霞
100	开展集体活动　凝聚班级活力	钟海燕

心理健康

104	初一年级心理危机个案分析	苏宜欢
107	基于优势视角理论的情绪困境学生心理干预例析	吴小琴
112	学生心理辅导个案分析	徐　娜
115	青春期叛逆学生转化一例	邱杰平
118	陪你走出情绪"雨季"	张　恒

教育叙事

122	第一次哭泣	李春桃
125	小林抑郁的背后	
	——离异家庭学生个案分析	王　雷
133	爱迟到的孩子	邱丹曼
136	让学生学会"自我认同"	崔　迎
139	新手教师二三事	毛　玲
142	教育的起点	古佳燕
145	"后妈"轶事	朱曼琪
148	我真的很不错	郭璀璨
151	让德育"自然"发生	江钰玲
154	不"文明"的她	林洁滢
156	网课中的小风波	张　娜
158	蹲下来，去走进孩子的心灵	朱伊泳
160	学会倾听	马瑞芳
163	我们的成长	郑世绮

理 论 探 讨

关于生命教育的几点思考

林肖坛

2020年新冠肺炎疫情的突然袭击,触发了我们对生命的诸多思考,许多人更是发出了"活着就好"的感慨。同时,这场疫情也给我们提供了生动、鲜活的生命教育素材。作为教育工作者,我们也应因此比普通百姓多几分思考:我们决不能等到生命遭遇重创后才开始反思,而应将生命教育置于至关重要的地位,并且贯穿在日常教育生活的点滴之中,就像顾明远教授所言"教育的本质就是生命教育"[1]。那么,在进行生命教育时,我们应该注意哪些问题呢?

一、如何正确地认识生命

1. 发自内心地敬畏生命

生命是地球上最珍贵的财富,大自然的生命包括微生物、动植物的生命等。人的生命具有独特性,突出体现在与其他生物的生命相比,人类最具智慧。但我们不能因此而蔑视其他生命,许多病毒的产生正是人类对其他生命肆意破坏的结果。生命既是顽强的又是脆弱的,生命之间需要互相关爱。

美国学者华特士首次提出"生命教育"一词,随后在世界各国传开。我国的生命教育起步比较晚,2010年7月29日国务院发布的《国家中长期教育改革和发展规划纲要(2010—2020年)》提出要坚持全面发展,要注重生命教育,从国家层面开始重视生命教育。2020年新冠疫情爆发后,习近平总书记强调,要始终把人民群众的生命安全和身体健康放在第一位。可以说这是从生命权的角度告诫我们要特别重视生命教育。

那么,什么是生命教育呢?肖川博士认为:"所谓生命教育,就是为了生命主体的自由和幸福所进行的生命化的教育,它是教育的一种价值追求,也是教育的一

---

[1] 顾明远. 教育的本质是生命教育[J]. 教育与教学研究,2020,34(11):1-2.

种内在形态,其宗旨就在于捍卫生命的尊严,激发生命的潜能,提升生命的品质,实现生命的价值。"① 由此,笔者认为生命教育旨在使受教育者学会树立生命第一的观念,自觉地珍视生命、敬畏生命,让生命之花绽放,从而实现生命的价值。如对美国疫情现状,有学生受网文观点影响,笑言"美国疫情解决了老龄化问题"——这是对生命的极端漠视,必须及时予以纠正。在大自然面前,人类就是一个命运共同体,我们应发自内心地关切生命、敬畏生命。

2. 树立理性的生死观

受传统文化影响,人们对死亡或多或少会有一种恐惧感,忌讳谈论死亡。有的人甚至很悲观,认为"人终归一死",于是浪费光阴、虚度生命。因此,在生命教育中应引导学生正确对待死亡,树立理性的生死观,引导学生认识到生老病死是自然规律,应该以平和的心态来面对死亡,因为只有正视死亡,才会更加珍惜生命。德国哲学家海德格尔曾提出"向死而生"的概念,指出人只要还没有亡故,就是向死的方向活着。这种观点站在哲学理性思维的高度,用重"死"的概念来激发人们内在"生"的欲望,以此激发人们内在的生命活力。生命来之不易,生命是独特的,也是短暂的、不可逆的。向死而生,让人们拥有一份好好活着的感动,从容面对生命的不可预知,从而更加热爱生命,努力提升生命的质量。

二、科学实施生命教育

实施生命教育的方法和路径有很多,无论是在学校教育、家庭教育还是社会教育当中,都可以相机实施适当的生命教育。在科学实施生命教育的时候,一定要注意以下几点。

1. 避免纯理论说教

目前,许多关于生命教育的教材,都比较倾向于空洞的说理。另外,家长关于注意生命安全的口头教导也好,学校的班会课也好,大都通过列举一些重视或轻视生命的例子来说明要珍爱生命,形式上仍然停留在理论层面,缺乏情感的调动和将生命教育落到实处的举措。为此,我们应尽可能地开展有关实践活动,如把空洞地告诉孩子要爱护身体,改为布置体育运动作业,让孩子切实地进行身体锻炼,从中感知该如何爱护生命。又如把提倡爱护小动物,改为鼓励孩子培植植物或领养一只小动物,真正体验生命的自然成长过程。

同时,尊重、关爱生命也可以落实在帮父母承担家务的具体劳动和责任之中,

---

① 黄志演. 生命教育在德育管理中的实践探究 [J]. 求学, 2020 (4): 31-32.

因为根据认知心理学的"心血辩护效应",实现某一目标所需的代价越大,这一目标在行为主体心目中的评价就越高,否则就会造成行为、认知和态度之间的失调,只有让孩子体会过程之"难",才能生发正确的认知。当今有些独生子女养尊处优,父母的包办代替做法造成其自立能力欠缺、家庭责任意识淡薄,将自己拥有的一切当作理所应当,加上抗挫折能力较差,遇到困难就容易退缩,严重者甚至会结束自己的生命。

教育的最好方式是潜移默化。在这次疫情中,许多公民能做到自觉居家隔离,勤洗手,少聚会,这是应对灾难时自觉地珍爱生命的表现,值得宣扬。但更让人欣喜的是,许多同胞把珍爱生命的行动用不露痕迹的方式表现出来,如许多人在防疫时间钻研厨艺,把自己"逼成"厨师。看起来像自娱自乐,实则更接地气,影响也更加深远,更能体现人们对生命深沉的敬重。受此启发,笔者布置学生完成"花式居家防疫"分享活动,鼓励学生通过运动抗疫、美食抗疫增强体质,通过阅读抗疫养护精神,通过家务抗疫协调亲子关系等,引导学生用灵活、智慧的方式响应国家号召,承担公民抗疫责任。这就很好地利用了教育契机,无声地进行了生命教育。

2. 生命教育不单靠学校教育

学校对生命教育的开展应起重要作用,其最基本的方式是要结合学生实际,融合各个学科,开发生命教育的校本课程。具体实施策略可以是丰富多彩的,如主题班会、讲座、安全演练、心理疏导、板报宣传等,但生命教育不仅应融合在课堂教学和实践活动中,还应与公民教育相结合、与家庭教育相衔接,在社会中获取更加广泛的群众基础。

比如,突如其来的新冠肺炎疫情让围墙内的学校教育转而成了"家庭网络宅"教育,于是,学生个性的成长需求与长时间的家庭监管教育、学校任务"驱动"教育形成了激烈的碰撞,自杀及伤害他人的案例时有披露,这是家庭、学校、社会的共同悲哀。由此也看出,生命教育单靠学校的努力是远远不够的,家庭亲子关系的和谐与否,对孩子的心理健康有着极大的影响,因此家庭也是开展生命教育至关重要的场域。

当前,受"望子成龙""望女成凤"等传统思想以及教育领域攀比成绩等畸形现象的影响,许多孩子承受了很大的学业压力。而有关研究表明,学业压力是造成孩子轻生的主要原因。作为家长,我们应该认识到,我们不是孩子生命的主宰,我们只是"扶他们上战马的人",因此不能因自己的主观愿望而剥夺孩子自主成长的权利。诚如纪伯伦所言:"你的孩子,其实不是你的孩子,他们是生命对于自身渴望而诞生的孩子。"因此,父母可以施行必要的监管和引导,但切记不要将自己的思想强加给孩子,因为他们是独立的生命个体。从这个意义上说,家庭所应承担的生命教育责任,是培养孩子健康的人格,给孩子提供足够的爱和归属感。

当然,除了学校和家庭,政府也应出台相应的政策支持,培养专业的生命教育团队;社会各界也应大力宣传并营造珍爱生命的氛围,以唤醒人们的生命意识,渗透正确的生命教育。

三、对生命教育的时代思考

只要认真研读《中华人民共和国未成年人保护法》,我们就不难发现,新时代的生命教育已不再局限于狭义的生死维度,而是从生命健康的维度、生命安全的维度、生命责任的维度、生命美感的维度提出了新的要求。它要求新时代生命教育应从"治疗性"走向"发展性",即从针对问题进行治疗防范,走向从生命发展需要出发进行系统思考和整体设计。为此,生命安全、身体健康、责任教育、挫折教育、情绪管理、校园欺凌、心理健康等都应纳入生命教育的范畴。

生命教育不仅仅涉及人的生存问题,还关系人的生活和发展这种追求生命质量的问题,乃至"生命的意义""人为何而活着"等价值层面的问题。而其中的落脚点应是生命的价值问题,比如人不能延长生命,但可以拓宽生命。在这次疫情中逆行抗疫的英雄们,就很好地诠释了怎样的生命才是有价值的生命。生命既是平凡的,又是伟大的;生命既是短暂的,又可以是永存的。如历史上的革命英雄和烈士,即使牺牲了生理意义上的生命,但其社会意义和精神意义上的生命,却是永续存在的。正如臧克家在其诗中所写:"有的人死了,他还活着。"因此,生命教育者要转变理念,善于结合历史的重要纪念日,开展"向英雄致敬""缅怀先烈"等活动,开展更富内涵的生命教育,帮助学生更好地认识生命的价值,提升生命的境界。

综上可见,生命教育应放在教育的首位。随着时代的发展,生命教育的内涵和外延在不断丰富,一切有利于生命更好地生存和发展的教育,都应纳入生命教育的范畴,生命教育课程也应因时、因地、因人制宜,更加符合人性需求,体现人文关怀。

优势视角下新困境学生的教育实践研究

刘 君

"困境儿童"以往是指因某些原因导致失去生活依靠的未成年人。与这些孩子相比，一些生活在城市里的学生的生活环境、家庭经济相对优越，父母受教育程度较高，但因家庭气氛紧张、家庭结构不健全以及本身有心理障碍或学习困难等，致使他们成了"隐形困境儿童"。这些孩子所承受的身心压力若不能得到来自家庭、学校和社会的有效纾解，必然会影响他们的健康发展，严重者甚至会出现厌学、厌世、自伤、精神疾病等心理或行为问题。他们是城市里所独有的"新困境学生"。

"优势视角"原属社会工作学概念，由美国教授 Dennis Saleebey 率先提出。优势视角理论认为，要了解和尊重存在于每一个人身上与生俱来的潜在优势，并尽可能支持并释放潜能而利用之。作为教育工作者，其所做的一切，在某种程度上就是要立足于发现和寻找、探索和利用困境学生的优势和资源，协助他们达到自己的目标，实现其梦想，并在今后的人生中，积极面对他们生命中的挫折和不幸。概括地说，"优势视角"就是着眼于个人的优势，以利用和开发人的潜能为出发点，协助其从挫折和不幸的逆境中挣脱出来，最终达到其目标、实现其理想的一种思维方式和教育方法。

一、不同视角下的新困境学生特点

从问题视角看，新困境学生的"问题"主要有以下几点：①缺乏明确的学习动机和学习目的。学习还没有成为他们的内在需要，多数因外部因素如家长、老师的要求而学习。②缺乏明确的是非观念，违纪现象严重。如有的学生把向老师反映情况说成"告密"，把包庇同学的错误看作"讲义气"，把破坏纪律当作"挑战权威"。③缺乏行动力和毅力。有时他们知道什么行为是正确的或错误的，但往往能"说"不能做，要做也不能坚持长久，没有恒心，缺乏毅力。

新困境学生既有较强烈的自尊心，又容易自暴自弃，他们在生活中受到的指责多于赞扬,因此往往有较严重的自卑感,在某些方面信心不足、自暴自弃,个别严重的甚至破罐子破摔,与教师、集体对立。因为"问题视角"具有蚕食效应,时间一长会逐渐改变孩子对自身的看法,并影响周围人对他们的看法。久而久之,缺乏自信就会成为他们自我认同的一部分。

然而,运用优势视角理论我们会发现,新困境学生其实有许多优点,典型的有如以下几种:①语言表达能力强,乐于人际交往,具有一定的领袖意识。②情绪敏感细腻,关心他人,执行力好。③热心班级事务,正直勇敢。④可获得家庭资源(如教育支持)相对较多。尤其要指出的是,他们中的每一个都希望体验成功并获得好成绩,但他们又大都不愿投入时间和精力,还不能舍弃自己喜欢或擅长的娱乐活动。除此之外,他们一般都有很强的自尊心,注重朋友情义、不能接受在公开场合被批评,对"翻旧账"的做法十分反感。教师若能成功走入他们的内心,就会发现他们其实很热情、真诚、努力,但内心里又很困顿和无助。

在深入了解这些新困境学生的过程中发现,每个厌学的孩子,在其真正自暴自弃之前也都曾经努力过一段时间,希望给自己最后一次机会。这段时间可能是两周、一个月或两个月,但在一次次的努力仍没看到希望后,学业上就表现出"习得性无助",最终导致厌学。因此,在实际工作中,有意识地发掘新困境学生的个人及家庭优势,不仅能丰富我们的工作思路,还能整合各方资源,进而推进新困境学生的转化和教育。

二、优势视角下新困境学生的教育实践

在实际工作中,对新困境学生的教育辅导依然是德育、心育的难点。一方面是因为在这种家庭环境背景下长大的孩子,其性格特征、情绪表达、思维习惯具有自身独特性,"常人经验"很难与之产生心灵共鸣,教育效果自然可想而知。另一方面,家庭环境对孩子的成长影响巨大,部分老师在辅导教育的过程中往往觉得力不从心。也有一些老师对待新困境学生"头痛医头,脚痛医脚",如此"救火"的弊端显而易见:学生在接受辅导的同时也被贴上了"有问题"的标签,有些家长也深感"教育挫败"。这在一定程度上伤害了学生自尊,增加了家长的无力感,无法调动和整合"优势资源",更不能激发学生的内在动力。

笔者曾多年辅导新困境学生,也形成了一些相应的转化经验,如:让新困境学生千方百计找自己的长处,力争"夸出""好孩子";与班主任、任课老师及家长联手,不去理会新困境学生调皮的那一根"神经",坦然处之,静待花开;安排新

困境学生与老师结成团队，变成合作者，在合作中激励新困境学生；在班集体中营造关心、包容新困境学生的大环境、大氛围；邀请家长来校讲述孩子的成长经历，搭建亲子沟通的平台等。在这些经验中，无不涉及"优势视角"的相关概念与理论。

在发现新困境学生的优势后，有针对性地给予认可与激励，能较好实现新困境学生的转化工作。如对那些学习成绩差，但热心班级事务、交际能力强的学生，可给他们以合适的班干部岗位，首先增加他们的责任感，然后增强他们的自信心，最后从学习上给予指导和关心。

例如，学生A成绩倒数第四，懒惰散漫，缺乏行动力，作业完成质量极差，但他能主动与老师真诚沟通，自信心强，家庭环境优越，父亲常年在外，由母亲管教，母亲为其提供了丰富的教育资源。学生B，成绩倒数第二，自习课常看课外书，学习上表面用心但很少完成，也从不抄袭，英语、数学成绩一塌糊涂，但宿舍卫生是全校模范，善于做卫生清洁工作，人缘好，知识面广，母亲溺爱，父亲严厉。学生C，成绩倒数第三，沉迷美剧导致经常在课上睡觉，测验多次抄袭，但热心班级和学校社团活动，善交际，具有领导意识，体育成绩好，母亲管教严厉，亲子关系恶劣。这几个同学在之前求学经历中都曾不受老师重视，甚至是让老师头疼的经常挨批的角色。而他们的父母已基本上放弃了对他们学业的要求。

结合孩子们的这些"优点"，可以适当安排一定的班级工作，让他们当班干部。为什么要让这些学生当班干部？一是希望他们获得在班级里的自尊感，二是希望提高他们在学习上的自信心，三是希望以此让他们形成正确的是非观，四是力图提高他们的自觉性。因此，我花了两周时间对他们进行工作提醒和指导。同时，为了不使他们把班级引向不良方向，还必须安排部分为人正直、成绩优秀、有威信的班干部来约束和监督。

为此做了这样的安排：对学生A，让他当班长，但在权力上只有三条，一是喊"起立"，二是保持与老师的沟通，反映和解决班级问题，三是管理班级公告栏。这些做法只有一个目的，就是提高其自信心。通过喊"起立"，使他敢于在同学面前发言；通过经常与老师沟通班级问题，可以增加他的责任感和自信心；班级公告栏其实内容变动不大，但可以增强他做事的行动力。作为监督对象，副班长其实有更大的责任，比如根据班级规定记录奖罚等。对学生B，我邀请其当劳动委员，负责提醒当天做值日的同学。而生活委员对全班同学的生活习惯及环境卫生负责。对学生C，我让其担任体育委员，职责是在课间操和下午跑操时点名，登记请假或缺勤

名单。作为监督对象，副班长对体育委员的工作情况有监督义务，副班长的职责是根据体育委员所登记的具体情况，对同学们进行评分。

以上做法的目的是帮助新困境学生树立正确的是非观，养成良好的行为习惯，同时体会个人价值和集体荣誉感。由于他们在班级中缺乏群众基础，也没有管理班级的经验，在执行班务中难免会有不对的地方，这时老师要多加关注，适时纠正，而对他们的正确行为则要多加表扬。如此得到的表扬多了，他们就会变得自信，敢于与家长交流，家长也会因此对他们加倍关心，从而让亲子关系形成良性循环。同时，他们在执行班务中发言机会多了，和同学们的正面交往也多了，就不会再觉得自己可有可无，而是班级中的重要一员。这也会促使他们努力提升自己的综合素质，以使更多同学信服，他们的学习自觉性和主动性都会大大提高。

三、优势视角下新困境学生的家庭资源利用

新困境学生的特点是复杂多变的，其表现形式和严重程度也不一样，因此，对新困境学生的教育只能据其特点而进行。

一般来说，新困境学生可分成三类。第一类是学习基础差或学习方法不当而导致失去信心，然后不爱学习，但还是愿意进步的学生，对他们可以让其多反思总结自己成功的经验，通过从某一更擅长的单科切入，逐步建立信心；第二类是那些受不良影响而观点偏激的学生，亦可在承认其合理性的前提下，为其感兴趣的话题提供更多的辅助信息，以帮助其客观、全面地看待问题；第三类是受家庭、社会等不良因素影响，观点片面、行为有偏差的学生。

如学生D，性格外向，善表达，成绩中上，在班里有一定的号召力，对社会黑暗面极为痛恨，对班级纪律要求不满，上课时常反驳教师观点，影响正常课程进度。其父身处司法系统，经常接触或谈论某些社会现象，对其影响较大。为此，我先肯定了他对社会、制度认识深刻，赞扬他小小年纪却如此关注社会，是有正义感的表现。之后，我启发他思考有没有更好的做法，来革除这些不好的社会现象？通过多次沟通和其本人的主动了解，他认识到尽管社会存在不公平现象，但自己的爸爸是努力维持社会公平和正义的一分子，因此应该向爸爸学习，努力维护公平正义，之后他再也没有违反过班级纪律。

可见，从优势视角出发，对学生的家庭环境不横加指责，也不影响其家庭氛围，只需充分调动和利用家庭的优势资源，发掘其家庭教育中的潜在教育因素，就不仅能使学生和家长更易接纳，还能使孩子快速成长，亲子关系得到改善。

  总而言之,优势视角强调每个个人、团体、家庭和社区都有优势,以优势为本的取向,可以激发受教育者和教育工作者的乐观情绪、希望和动机。因此,对于新困境学生,教育者要发现其家庭环境及所在社会环境的积极资源,如单亲家庭孩子性格中的独立、坚强等,家庭气氛紧张的孩子具有的敏锐、丰富情感等,或如家长自身的行业优势、家族行为模式等,都可以适时调整运用,以助力孩子健康成长。

对"后进生"转化问题的几点思考

范选文

所谓"后进生",一般指由于错误的教育或学习方法导致学习成绩较差的学生。换句话说,所谓"后进生"是指素质发展的某一方面或所有方面相对滞后的学生,是就某个学生群体而言的相对概念。通常情况下,这种"后进"最突出地表现在品行和学业成绩等方面相对滞后。但按照素质教育的标准,不应局限于品行和学业成绩这两个方面来评判一个学生后进与否。另外,"后进生"既指素质发展相对滞后的个体,也指素质发展相对滞后的群体,因此转化"后进生"工作面临的不仅是个别人,还可能是一部分人。

在科学发展观的视野下,用素质教育的标准来看,"后进生"与"非后进生"是相互依存、相互制约、相互影响、相互作用、相互转化的。因此,从辩证的角度看,所谓的"后进生"通过努力,运用科学的学习方法,是完全能够变成"先进生"的。

一、"后进生"产生的原因

从上述概念可知,"后进生"并非天生后进,只是各种后天原因导致其暂时的落后。从其成因看,大致有以下几种。

1. 教师方面的原因

首先是班额过大,导致教师对学生关注不够。班额过大的最大弊端是不利于"因材施教"。一个班级有几十位个性差异较大的学生,都听某位老师单一的教学,必然导致其中的部分学生不适应,听不明白,学得不好。我们提倡教育要"一把钥匙开一把锁",可是在这种情况下是没办法做到的,所谓的"因材施教"落实不了,许多中下水平的学生自然就会慢慢落后了。

其次是教师授课重知识讲解,而对习惯培养不够。俄罗斯著名教育家乌申斯基曾说过:"良好的习惯是人在他的神经系统中所储存的资本。这个资本不断增值,

而人在其整个一生中,就享受着它的利息。"以往,我们的教育重点大都集中在行为习惯的养成方面,随着对科学学习方法的深入研究,学习习惯越来越受到人们的重视。美国心理学家推孟等人对两千多名儿童追踪研究了50年,结果表明:智力与成才有关系,但关系不大;高智商的人,并非都有成就。最有成就的人,往往是那些智商水平中上并具有勤奋和不懈追求等优良性格特征的人。所以,对于智力水平一般甚至较差的学生,更要重视他们学习习惯的培养,尤其要重视他们自信心的培养,以弥补其智力上的不足。

最后是抱怨多于鼓励,了解不够深入。"后进生"因知识基础不牢、丧失学习信心等原因,上课时容易分心,或有意地破坏课堂纪律,对此教师在屡经教育仍无效果后,容易产生抱怨情绪,乃至予以批评责罚,致使这些后进的孩子更加滑向落后的"深渊"。实际上,如能仔细分析他们落后的原因,针对他们的实际情况,教给他们有效的学习方法,多加引导和鼓励,他们是能够尽快赶上来的。

2. 学生自身的原因

一是对学习的意义认识模糊。认知是决定学生学习成绩的重要环节,但认知因素往往不是单独起作用的。当认知因素与某些其他因素,诸如非智力因素、家庭因素、社会因素等结合在一起时,就决定了一个学生学习成绩的高低。从对学习的认识来看,大多数"后进生"对学习的重要性认识不足,不知道为谁而学,也不知道为什么而学,因而缺乏学习动力。

二是缺乏毅力。缺乏毅力的学生往往不能克服困难,因而难以坚持学习。他们在学习顺利时,能坚持学习的时间就比别人短;若遇学习不顺利,则会干脆放弃学习。另外,缺乏毅力还会因知行脱节和低自尊等原因,间接导致学习成绩变差。这些学生并不是不知道学习的重要性,可就是难以做到坚持学习,因而产生知行脱节现象。

三是学习态度不端正。"后进生"学习大都不认真,主要表现为:一是教学过程中不认真,如课前不预习,上课不听讲、不带书、说闲话、做小动作等;二是不认真做练习,总是敷衍了事;三是在学习过程中不管遇到什么问题都懒得解决。这些都说明,后进学生学习成绩差多半不是智力上的原因,而更多的是对学习的投入程度不够。

3. 家庭方面原因

一是在传统观念影响下,一些家长认为"不打不成材",因而盲目使用"棍棒教育法",导致学生对学习产生畏惧心理,这种压力会造成学生上课效率低下,学习效果不佳,进而形成一个恶性循环。

二是认为教育只是老师的事，和家长无关，因而基本放弃了家庭教育。实际上学生在校主要以掌握学科知识为主，而要取得优异的学习成绩，前提还是要先培养良好的学习习惯，这方面家长的引导、督促至关重要。

此外，学生后进还可能受同伴及社会因素等影响，如受"读书无用论"等消极言论的影响，造成其学习兴趣丧失、学习主动性不高等。

二、转化后进的策略和方法

如前所述，"后进生"并不是天生后进，只要教学方法正确，加上其本人的努力和家庭的督促，"后进生"是完全可以摘掉"后进"的帽子，成为正常的学生乃至优秀学子的。那么，究竟该如何转化这些后进学生呢？

1. 深入了解，真诚理解

首先，要深入了解他们落后的原因。科学研究表明，学生之间的智力差异是不大的，部分学生"双差"往往与家庭因素密切相关。因此教师要从各方面了解这些学生的家庭情况，有的放矢地做好其亲子关系的协调工作，才能在以后的转化过程中更有针对性。

其次，学生不同的志趣、爱好、才能、禀赋等，造成了学生不同的发展程度和发展特点。教师只有对学生的这些特点了如指掌，才能制订出合适的转化方案，因材施教，取长补短，提高转化效率和实效。

最后，"后进生"普遍具有自卑心理，行为习惯难以矫正。教师要在深入了解的基础上，真诚理解学生，诚恳对待学生。教师既要像严父，对他们从严要求，鞭策督促；又要像慈母，理解关心，宽容温暖，让他们在曲折前进中慢慢摘掉"后进"的帽子。

2. 充分信任，循循善诱

根据"后进生"的心理特点，教师在做转化工作时，不能持有偏见，而应对他们充分信任，善于捕捉他们身上的闪光点，并及时给予鼓励赞扬，以使他们体验到成功感。教师要适时不断地鼓励他们把这些闪光点发扬光大，把在某一方面的激情投入到自己所欠缺的方面，力求全面发展。同时，教师不能成为高高在上的说教者，而应成为他们可依赖、可信任的朋友。平常应多与他们接触，多参与他们的讨论，在讨论、接触中将思想教育的着眼点由结论灌输转向独立思考，并逐步形成适合社会发展需要的人生观和世界观。由此他们也能感受到教师的关心帮助，感受到自己在班集体中的应有作用，从而加强其自律意识，建立良好心态，养成良好行为习惯，实现身心如一的转化。

3. 密切配合，落实措施

俗话说，"十年树木，百年树人"，实现"后进生"的转化是一个渐进的过程，在这个过程中除了内因起作用，外因的作用也不容忽视。

首先要发挥师生的帮教力量。在转化后进过程中，教师除了自己直接施加教育，还要培养学生骨干，使"后进"孩子成为榜样学生的帮扶对象，并经常了解情况，安排内容，指导方法，及时总结表彰。

其次要充分挖掘家教潜力。"后进生"的家长怕进校门，怕见教师。因此教师必须主动与他们联系，共同研究制订转化方案，并加强联系，互相督促。教师要及时向家长通报其子女取得的每一点成绩，以得到家长的进一步支持和配合，达到转化的目的。

4. 多加激励，促其转化

对于一些"双差生"，批评谩骂是无效的锤打，和风细雨才能润人心田。因此，教师要循循善诱，多加表扬激励。通过激励，在某种内部或外部刺激的影响下，个体始终会在一个兴奋状态之中。要使"后进生"持久地保持一种积极向上的状态，激励是最为有效的手段。多数"后进生"除了学习相对或暂时落后外，他们身上也有着许多的闪光点。教师要及时发现他们的优点，并加以肯定、表扬，以激发他们的自尊心和自信心，同时向他们提出希望，使他们有目标地迈步向前。

除此以外，我们还可尽量设法减轻"后进生"的思想负担，不给他们贴上"不及格""后进生"等消极的标签。或者找出"后进"当中的"尖子"，进行重点帮扶，以此来带动其他"后进"，使"丑小鸭"都变成"小天鹅"。

总之，转化"后进生"是全面贯彻教育方针，实现全面育人的重要保证。转变教育观念，加强师德修养，改进教育方法，提高育人艺术，创造良好的环境和氛围，努力转化"后进"，我们责无旁贷。

对初中生叛逆期教育的思考与策略

言 彦

叛逆期是青少年心理的过渡期，是其独立意识和自我意识日益增强，对事物倾向于持批判态度的特殊阶段。随着学生成长环境的变化和认知水平的提升，特别是从小学进入初中阶段后，其生理、心理快速发展，叛逆现象尤为凸显，因此成为这一时期教育的难点。

实践表明，学生叛逆期心理不能简单概括为偏激躁动，更不能等同于病态心理。作为教师，要透过现象窥视其本质，以正面的态度看待和理解这种心理，给予理性评价，并施以有效引导和调适，努力帮助他们摆脱叛逆心理的困扰。

一、初中生叛逆的外部诱因

初中生叛逆的原因很复杂，有心理的也有生理的，有主观的也有客观的，有认知能力方面的也有价值观念方面的。笔者在长期的教育实践中发现，随着社会的发展，对学生叛逆的归因不能仅关注学生自身，还应更多地关注外部诱因，如此才能正确看待学生的叛逆行为，并在学生叛逆时从容应对。概括而言，学生叛逆的外部诱因主要有以下两点：

一是教育的问题来自问题的教育。在当今信息时代，由于文化传播加快，学生的文化积累和认知水平迅速提高，形成了自己的价值观念和批判能力，因此导致学生叛逆行为出现得更早，时间持续得更长，反教导现象更严重。这其中教师的原因不可忽视，如有的教师受师道尊严思想影响，给学生以居高临下的感觉；有的教师不愿倾听学生心声，与学生缺少沟通，使得学生在情感上不愿接受老师；有的教师不能与时俱进加强学习，与学生缺少共同语言，导致学生"厌学"。这样，教师的"强制"与学生的"受抑"，教师的"传统"与学生的"时尚"，教师的"经院教法"与学生的"人本需求"就不可避免地发生冲突，从而导致学生叛逆。可见，"问题教育"是导致学生"叛逆"的重要外部诱因。

二是狭隘的生活空间导致心理空间的狭隘。学生完整的校园生活应该包括人际

交往空间、日常学习空间、实践活动空间。然而,迫于学业压力,学生每天的生活就是学习。不仅如此,家长甚至要求孩子不参与和学习无关的事,如生活实践、社会实践等和成绩不挂钩的活动能不去则不去。学生心理空间也大都闭塞,内心需要往往不被认同和理解。至于大自然、大社会这些大课堂中的教育元素,更是被弃之不顾,许许多多的教育资源被浪费、教育良机被错失。这种生活空间的狭隘局促,导致学生心理"需求饥渴",一旦情绪失控,"叛逆"就不可避免。

二、对初中生叛逆行为的理性评价

对于学生叛逆,大多数教育者感到无奈和悲观。笔者认为,积极应对和理性评价,辩证处置,学生叛逆就并非不可扭转。事实与经验告诉我们,面对学生的叛逆行为,不能肆意抹黑和强行压制,而应倾听他们的合理诉求,从其消极乃至极端的行为中发现积极的一面。

1. 在不理智的行为中寻找其合理成分

对叛逆期学生"凡教育就抗拒,凡规章就抵触"等偏激、不理智行为,我们自然必须坚决制止,但学生叛逆行为并非都是完全"无脑"、毫无顾忌的。在其情绪积蓄的过程中,也是伴随着思考和衡量的,其诉求多多少少总有一定的合理成分,我们不能只看到其情绪爆发时不可思议、不可原谅的激烈表现,而更应冷静反思其深层原因。因此,多了解、沟通和倾听,是帮助学生度过叛逆期首先应做好的工作。

2. 从强调"自我"中甄别出可塑的个性品质

叛逆期学生的一个重要特征是自我意识强烈。学生上初中后第一个感觉是我长大了,因此不再像以前那样"听话"、顺从,随着内心诉求的日益强烈,他们的独立意识、自我意识也逐渐膨胀。此时教师应明确认识到,"唯自我"是一种缺乏理解和包容、自私偏执的心态,人必须有积极的自我意识,有自己的个性品质,但不能有狭窄的"唯自我"。要让学生认识到,要求独立不是坏事,但脱离现实空间,远离监管约束,随性而为的"独立"是不存在的。

3. 在叛逆行为中分析群体舆论倾向与价值取向

学生叛逆行为对按部就班的教学秩序来说无疑是一种冲击,但从另外一个角度来看,它也可以将教育思维激活。因为叛逆现象不是个体独有的,往往代表了某种群体意志。而叛逆者本来就心中压抑,一旦感觉到有舆论支持,很容易就放纵自己的情绪。对此,教育者可就此分析期间的群体舆论倾向和个体的价值取向,并在以后的班级教育中有针对性地采取应对措施。

三、初中生叛逆心理的引导与调适

叛逆行为是心理成长过程中正常的也是必然的现象。初中生处在青春期初期，心理问题相对复杂，虽然叛逆行为会在一定时间内逐步缓解消失，但若不及时调适和修复，其负面作用也可能长久影响学生今后的发展。那么，如何引导叛逆学生进行心理修复和调整呢？实践证明，加强科学引导是最有效的办法。

1. 预防引导

不论学校还是教育者个人，都应制订全面系统的初中生叛逆期教育计划和实施方案，设立心理教育平台，建立沟通渠道，实行叛逆期教育的目标管理等。通过这种多层次、多方位的教育，使学生对自我有清醒的认识，进而有效提高叛逆期自制与自理的能力。为此，笔者从学生进入初一年级起就开始制订针对叛逆期的应对计划。

一是以符合初中学生心理特征的方式开展主题班会。如在新生开学教育的班会课上，笔者既要向学生提出各项规章制度，又担心学生一入校就产生被束缚感，从而对老师的教育产生叛逆情绪，为此笔者采用讲故事的方式，说明他们应遵守什么规定，为什么要遵守这些规定。学生们都听得非常认真，在以后的学习生活中也都非常自觉地遵守这些规定。二是要引导学生更新对自我的认识。苏霍姆林斯基说："真正教育是自我教育，教育就是要迫使人去思考自己。"为此教师要指导学生正确认识自我，缓解他们由生理变化所带来的心理压力，培养他们进行自我调节的能力，使他们学会简易的自我疏导的方法，避免叛逆心理的产生。三是培养得力的班干部，力争在初二年级这一"叛逆"爆发期，实施以学生为主、班主任为辅的管理方式，利用朋辈影响解决学生情绪对抗问题。

2. 调适疏导

疏导是对矛盾产生、激化过程的回顾、梳理，在此过程中，通过先倾听再提问的方式可以使矛盾双方逐步回到理性、平和的心态。

通过倾听一方面能让学生冷静下来，另一方面能让教师掌握提问的主动性。因为处于叛逆期的孩子独立意识和自我意识日益增强，他们对成人的教导会本能地持批判的态度，所以如果教师先说自己的想法或结论性的语句，容易让学生马上进入对教师所说内容进行批判的状态，不仅难以达到平复学生情绪的效果，还会影响下一步心理修复工作的开展。如果让学生先说，教师根据事件经过进行提问引导，学生就不容易找到反驳的理由，教师也能了解学生的内心想法，为下一步工作的开展做好准备。如教师可以说："这件事情我没有看到，你能跟我说说整个过程吗？"如

果是当事老师，则可以说："刚才我背对着你板书，有些细节没注意到，你能把刚才发生的过程再说一遍吗？"如此在倾听的过程中，了解事情发生的来龙去脉，并围绕教育的主要矛盾来采取措施，避免对无关细节的纠缠。

可见，倾听不但是一种工作手段，也是一种工作态度。在倾听和沟通中，师生能平稳心态，消除误会，提升认知，并弥补情感上的裂痕。

3. 修复指导

心理学认为，人与人之间的信息交流需要在良好的心理认同的基础上进行，所以教师对学生进行修复指导时，应尽量找到矛盾双方认识上的共同点和心理上的平衡点，让学生感觉被认可，从而修复叛逆心理带来的影响。回顾梳理后，教师可指导学生从自身和对方的角度进行审视，对自己的行为和对方的行为进行再认识，分析动机的合理性、行为的适度性、结果的危害性，帮助学生修复"内伤"并消除认识上的隐忧。

首先让学生从自身的角度进行审视。在这个过程中，教师要询问学生做出叛逆言行的动机，尤其要对学生行为中的合理性表示认可，这不仅能满足叛逆期学生心理的内在需求，达到安抚学生情绪的目的，还能让学生在教师的肯定中增强交流的意愿。教师还要通过提问让学生反思自己的行为，进而达到让学生自己发现问题的目的。

其次，要让学生站在对方的角度进行换位思考，帮助学生进一步稳定心态，趋向理性，寻求相互理解。在这个过程中，教师要帮助学生找到矛盾双方认识上的冲突点。如一学生在老师板书时未向老师报告即走出教室去上厕所，招致老师批评，进而引发学生对抗。就此，学生认为老师因为他"去厕所"而批评他是不讲人情，老师则认为学生"上课私自出教室"是不尊重老师，不遵守课堂秩序。两个人冲突点不一致，沟通自然不顺畅。所以要指导学生认识到老师教育他的真正原因和目的，才能消除这种矛盾冲突。同时，教师不能回避学生提出异议的地方，如果确实是自己有做得不妥之处，则可引导学生："如果你是老师，你会如何做呢？"以此指导学生重新审视自己和看待他人，实现从思维角度的转换到思想态度的转变。

当然，处置学生叛逆心理的方法还有很多，教师应就初中生叛逆期教育这一课题，在理论与实践的结合中不断体验、发现、感悟，逐步完善方法，注重提升实效。

班级管理

"点""面"结合，助力班级德育工作

曾雪刚

众所周知，人是社会性动物，因此人的个体性依附于其社会群体属性。从这个意义上说，如果一个班集体是"面"，则每个班级成员都是一个"点"。显然，班级管理工作不能离"面"谈"点"，也不能离"点"谈"面"。只有"点""面"结合，才能助力班级德育工作。具体而言，我们可以采取如下策略。

一、以"面"促"点"

学生年龄越小，其受集体氛围的影响就越大，因此，基础年级阶段的班级德育工作应从"面"入手，狠抓班风，培养良好的班集体氛围，以此来倒逼个人（即"点"）的良性发展。从"面"入手的核心，是要牢牢抓住全班绝大多数个人的共性情况，掌握他们的发展态势，培育班级中间群体，使班级发展呈现"橄榄型"。

1. 了解基本"面"，以发挥"点"的最大潜能

班风班情是班上众多学生具体情况的并集和交集。班级共识、班级文化都会在此基础上萌芽发育。为此我们要珍惜新起始年级德育工作节点中的"第一次"，比如，高一新生报到注册，这是班主任"第一次"和学生正面接触，为了更快地了解他们的情况，此时可以发给学生基本情况表，以全面细致了解他们的个人学习经历、班干部履职经历、兴趣爱好、特长不足等，也可在一定程度上了解学生家庭情况。如果再把收集的资料从各个维度去整理，就会形成很有用的德育工作资料，为后续的班干部选拔任用、德育谈话、家校沟通等提供帮助。同时，班主任应该仔细分析，学生填的资料上是否齐全、准确，是否如实反映了实际情况，通过资料来预设的学习梯队人选、班干部梯队人选是否准确，学生的品质如何，潜力有多大……这些问题需要在接下来的工作中去验证，比如第一次内务检查与督促、第一次军训情况、第一次课堂与作业表现等，以此来大致判定学生资料是否真实反映了其自我认定，如果第一次的表现不足以让班主任下判断，则还可以通过学生后续表现来加

强对学生的了解判断。总之，了解班级基本"面"，需要通过大量的活动观察和时间印证，而不能匆忙下结论，这样才能增强后续德育工作的精准性和有效性，最终达到发展学生，成就学生的目的。

2. 塑造基本"面"，助"点"强基固本

了解班情是德育工作的基础，塑造班风才是班级德育的主体工作。所以塑造基本"面"，形成优良班风，凝聚精气神，形成班级发展主线，班级的未来发展才可期。那么如何塑造优良班风这个"面"呢？

一是打造文化"面"，形成良好的氛围。开学伊始，班主任就要组织全班学生按照小组分工，把教室布置好，让教室的每一面墙、每一个角落都具有教育内容，富有教育意义。在具体布置时，针对班内学生的特点，可以从大处着眼、小处着手，制订班级文明公约，设置班务栏，使学生行有可依；张贴名人名言、名校风采，设立评比栏，激发学生的上进心；设置由专人管理的"图书角"、时政栏，以拓宽学生的知识面；为及时反馈学生情况，还可设置班级日记，由值日班长负责记录；设置许愿墙，让学生树立短期和长期目标。短期目标可以是一周、一月、一学期的目标，长期目标则主要是高考目标。长期目标不更新，短期目标及时更新修正。这些班级文化布置项目全部有专门小组负责管理并维护，谁出问题谁负责。这样，整个班级墙面就是一个动态的文化墙，促使大家齐心协力创设具有文化底蕴、凸显时代新风的温馨家园。

二是占领舆论"面"，引领学生发展。俗话说，"说一千，道一万，不如亲身示范"，榜样的力量是无穷的。因此，班主任自身的言行举止特别重要，要求学生不迟到，不旷课，班主任首先要做到；要求学生讲文明、讲卫生，班主任自己要做到。如此严于律己，以身作则，时时提醒自己为人师表，学生才会"亲其师，信其道"。同时，要利用班会或课间时间宣讲发生在身边的卫生、纪律、文明礼貌、作业等方面的优秀榜样，或讲述一些国际国内重大事件或活动中的可敬人物的故事，当然也可分享一些励志文章或者充满正能量的评论分析等。总之，凡是有助于塑造学生精气神的都可以"拿来"为我所用，如此用正能量为班风塑造强基固本。

三是渗透程序"面"，助力"点"的养成教育。程序"面"指的是学生在开展学校活动、班级活动要遵循的一些规章制度。渗透程序"面"，也就是要做好纪律养成教育，尤其是要加大学习和执行校纪校规力度。比如为了落实《中学生守则》《中学生日常行为规范》《文明住校生管理办法》等，借助主题班会、演讲、竞赛等各种形式的活动，来引导学生学习、执行，并配合执行学校的《一日常规》，严格要求学生佩戴校徽，不穿拖鞋，安排专门人员每天检查、督促规范养成的效果。此外，还充分发挥民主与集中在班规制订与修改方面的积极作用，制订有针对性、

可操作性、有警示性的班级规章制度。在执行方面由纪律委员、班长、劳动委员等具体班干部轮值监督执行,做到有章可循,违章必究,有奖必行。让纪律教育渗透在日常的班级管理之中。

二、以"点"促"面"

如果说以"面"促"点"解决了班级绝大多数学生的问题的话,那么以"点"促"面"就是重点解决那些"被遗忘的角落"。针对学生个性问题和个体差异,除了在"术"的层面上要因材施教外,更重要的是在"道"的层面要坚守自己内心的管理理念:怀菩萨心肠,行霹雳之风。以管理之风催促学生转变。

1. 创新班干部培养工作,为基本"面"形成强筋健骨

班风形成之后,接下来要做的就是对其进行涵养维护。高二学生由于已经熟悉了学校的环境,又没有升学压力,个别学生纪律开始松动起来,不喜欢别人对他们的行为进行约束和管教,一些不良行为随之而来,如迟到、在班级吃零食等一些行为习惯问题开始出现。面对这些违纪情况,如果不注意引导或引导不当,学生很容易在这个特殊的学习和生活阶段走入岔道。解决之道还是创新班干部培养与管理工作,充分调动学生的管理和监督积极性,发挥学生的创新精神和主体性,讲好班级故事,用好群众智慧,以惩前毖后、治病救人的出发点去管理好班级。初步探索的办法是创新班级管理形式——"互联网+班级核心团队"。利用微信、QQ等现代传播手段,创建班级核心团队微信群或者QQ群,每周针对核心成员提出的议题,寻找解决办法。原则是谁提议,谁负责。办法不在于高大上,而在于实在有效。同时加强传统美德的教育,创新班会课形式,培养学生去讲好中国故事,用好中国传统智慧。

2. 严爱并进,促"点"转化,解决"面"的尾巴

严是爱,松是害,不管不问是放弃。这个道理不光老师要明白,更重要的是学生要懂老师。让学生深深地感觉到老师的严格管理是对他们最大的尊重,是对他们最大的爱,这点很重要。要做到这一点,就必须让管理走进学生的内心。走心的教育永远不会过时和落后。如何走进学生内心呢?第一,走进学生生活。离学生生活太远,管理在皮毛;离学生生活太近,管理失去了仪式感。走进学生生活,要求自己舍得花时间去陪伴,去观察,去体验,甚至去以身作则,感同身受。这样才能让我们的赞扬更加有力,批评直逼内心,触动心灵。第二,做好了陪伴,接下来要做好引路人的角色。需要老师高瞻远瞩,统筹规划。有眼光、有卓识地去分析形势,权衡利弊,做好学生的短期和长期规划。这样才能让学生信服你,也敬佩你。第

三，奖惩分明，严格按照班规办事是对学生最大的公平。

3. 鼓励实践，激活"点"的活性，推动"面"的发展

多年来，我们的班级管理始终坚持事事有人做，人人有事做的原则，以德育特色为依托，着重突出"人本、自主、实践"的宗旨。在班级、学校各种活动中，让学生自发地去"主动交往，学会做人；主动求知，学会学习；主动锻炼，学会健体；主动工作，学会做事；主动思考，学会创造"，最大限度地实现了"能让学生思考的就让他们思考，能让学生表达的就让他们表达，能让学生体验的就让他们体验，能让学生动手的就让他们动手，能让学生总结的就让他们总结"的既定目标。另外，我们鼓励学生认真参与校内外的各种积极有益的活动，并在这些活动相机渗透品德教育。比如学农活动渗透劳动教育，秋游活动渗透团队精神教育，军训活动渗透规则教育，艺术节活动渗透美育教育，猜对联活动渗透传统文化教育等。实践证明，开展各类丰富多彩的学生活动，创设更加生动活泼的育人环境，能够有力地促进学生的全面发展，从而也推动了班级的整体发展。

三、拓"点"共"面"

教育是一项艰巨的任务，单靠班主任显然是不够的，为此要集中各方力量，形成齐抓共管的局面。对于班级管理而言，要求通过班主任的工作，拓宽学校德育的"点"，把学校、社会、家庭这些德育工作当中的"点"组合成一个整体"面"，利用各方资源，形成教育合力，达到互促共融、"点""面"并举之目的。

第一，充分发挥家委会在德育中的积极作用。邀请热爱班级事务、关心教育的家长组建班级家委会，并拟定家委规章制度，在以后的工作中积极邀请家委参与班级事务，比如班费收发管理、各项学习资料的征订、家长群舆情反馈及干预、学生心理及学习情况的反馈、班级重大活动或重大事情的商讨及后勤保障、班级管理工作的改进建议等。班级事务因为有了家长的参与，实施起来就会顺畅很多，而且由于家长资源丰富，能给班级的创新活力带来巨大助力。

第二，发挥社会教育在德育中的积极影响。比如有选择地利用社会资源为德育提供素材，如我国社会发展的伟大实践就是生动的动态德育资源，对于激发学生的爱国情感作用巨大。实践中我们就应该有目的地从这些建设成就中提取教育素材，并辩证地予以分析，以发挥其在班级德育工作中的积极作用。同时，对于革命史的参与者或见证人，某个行业或某个领域的代表人物等，也可利用家长资源邀请来学校，借助其成就的典型性、代表性，发挥他们对学生心灵塑造、思想启发的强大功能，为学生成长提供动力之源。

　　德育是以人育人的工作,所以德育中既要关注个体这个"点",也要统筹全局这个"面"。具体而言,以"面"逼"点"是以"点"促"面"的基础前提和必要准备,以"点"促"面"是以"面"逼"点"的重要手段,"点""面"融合是前两者的目的和归宿。如此,"点""面"结合,有主线支撑,才能塑造立体的、有生命力的人,也才有严谨求实、追求卓越的具有火车头精神的优秀班集体。

建设精神文化　引领学生成长

张亮红

当今社会，经济飞速发展，人们的生活水平大大提高，全社会都更加重视孩子的教育问题，但以"素质教育"为名，大多数中小学生几乎所有课余时间要么在上补习班或在去上补习班的路上，要么在上兴趣班或在去上兴趣班的路上。家长们前所未有地重视孩子的成绩和才艺，但却忽略了孩子品格和生活能力的养成，忽视了孩子身心的健康发展。所以"高分低能""高分低品"的学生越来越多。较多孩子虽然成绩优秀、工作业绩优秀，但缺乏生活自理能力，缺乏健康的体魄，性格比较脆弱，甚至自私冷漠、不懂感恩、弄虚作假、不守公德。现在的社会不缺学霸、考霸、学神、考神，缺的是一个个可以自立于世的堂堂正正的人。党和国家越来越重视青少年学生德育工作的重要战略地位，强调坚持学校德育工作的正确方向，学校要把德育放在更加重要的位置。因此，引导学生成长已经刻不容缓，班主任更是责无旁贷。那么，何为成长？如何引领学生成长？笔者通过探索建设班级精神文化来解决这个问题。

一、班级精神文化的内涵

教育的本质是灵魂唤醒灵魂，教育的过程首先要促进精神的成长。有经验的班主任开展德育工作、进行班级管理的核心途径应该是搞好班级精神文化建设。"班级精神文化是一个班级本质、个性和精神面貌的集中反映。"[1]"它主要是指班级成员认同的价值观念、价值判断和价值取向、道德标准、行为方式等。"[2]

针对当前学生存在的上述问题，笔者探索通过建设班级精神文化来唤醒学生的心灵，以引领学生成长。笔者研究确定建设班级精神文化的内容是培养学生自律、

---

[1] 范宝峰. 春风化雨滋润心灵——班级精神文化建设探索 [J]. 教育教学论坛, 2001 (19)：24.

[2] 刘晓琳. 建设班级精神文化的实践探索 [J]. 教育导刊, 2011 (3)：67-68.

自理、自省的精神，引导学生成为一个身心健康、人格健全、有胸怀、有担当的人。即有公德心、有责任感、诚实守信、懂得感恩、有生活自理能力、勇于面对挫败的人。

二、班级精神文化建设的力量

（一）班主任组织领导、家长参与配合

班主任是班级管理的核心，是班级精神文化建设总的设计者和策划者。学生的成长也是学校、家庭、社会共同教育与影响的结果，家长对孩子的教育与影响更是无可替代。所以班级精神文化建设必须要家长配合，只有取得家长的支持，教育才能取得事半功倍的效果。接手新班伊始，笔者即通过家长会向家长详细讲解自己的管理理念和班级成长目标，尽早取得家长最大限度的支持与配合；尽快建立班级QQ群、微信群，开通校讯通，直观、快捷地以正确的舆论引导家长配合，提升教育的时效性。

（二）全力培养班干团队，实现榜样引领

班级的管理不能只是班主任唱独角戏，必须培养得力的班干团队。班级精神文化，更需要班干团队来彰显。班主任对班干部的定位是班里舆论的风向标。班干部必须选择品行优秀的同学来担当。在组建班集体之初，笔者就通过班会课向全体学生详细解读自己的管理理念和班级目标以及对学生成长的期许，让所有学生了解班级精神文化的内核；在班干团队组建之初，笔者也明确告诉全体学生班干部竞选的标准，一方面确立班级舆论导向，使竞选出来的班干能够团结围绕在班主任的周围，同心同德，为全力创建班级精神文化，全力建设优秀的班集体而努力；另一方面，使选出来的班干部在品行上是班上其他学生的榜样，是班上的"领头羊"，在班上起到示范引领作用。

三、班级精神文化建设的策略

（一）立足主题班会

班会课是班主任对学生进行教育的主要阵地，班主任通过系列主题班会能不断强化班级精神文化，有针对性地解决学生普遍存在的问题。如针对学生缺乏公德心——只考虑自己方便，不顾及他人利益；在公共场合旁若无人，大声喧哗；不尊重别人的劳动,随地扔垃圾;没有规则意识——不守纪律,随意插队;没有诚信——抄作业、考试作弊等情况,笔者就设计了一系列主题班会,通过培养和强化班级的自律精神,引领学生成长为一个有公德心、遵守规则、诚实守信的人。

这一系列的班会主题分别是:自律精神之守规则、自律精神之公德心、自律精神之中国老家规、自律精神之中国好家风、自律精神之诚实守信。这些班会形式各异,或讲故事,或看视频,或通过学生表演情景剧,或学生展开大讨论等,潜移默化地影响学生的心灵。

如上"自律精神之公德心"班会时,笔者运用讲故事的方式来唤醒学生的心灵:

余秋雨到德国采风,要在德国住一段时间,想要租房子。试住期满,余秋雨很满意。在打电话给房东老太太约签正式合同前,余秋雨不小心打碎了房东的玻璃杯,他把玻璃碎片和其他垃圾混在一起,扔到了门外的垃圾桶。房东前来签约,得知他如此处理玻璃碎片,马上去把他扔掉的垃圾取回,小心地把玻璃碎片拣出来,重新用单独的袋子装好,并在上面标注"玻璃碎片,危险"。房东做完这些之后,不但拒绝与他签租赁合同,而且让他马上搬走。因为房东认为他这样处理玻璃碎片会给他人带来伤害,他没有公德心,所以不能把房子租给他。

故事讲完了,学生都沉默了。但"公德心"的种子在许多学生心里发芽了。这节班会课上完两个星期后,班上学生林珮帆的家长在朋友圈上传了林珮帆用封箱胶粘贴住一个破碗裂口的照片,并配文:"女儿洗碗,用力过猛,把原来有裂缝的碗掰开了,我让她直接扔掉。却发现她拿来封箱胶认真地把裂口全部粘住。问她为何?她说:'老师说了,做人要有公德心!'为班主任的教育点赞,同时检讨自己的行为!"得知此事,笔者又及时地在班会课上把珮帆妈妈的朋友圈截图展示给全班学生。从此以后,自律的班级精神使更多的学生悄悄地发生改变:日常生活中,会谦让了;上下楼梯会靠右走了;公共场所小声说话了;见人能主动问好了。在学习方面,能自觉预习复习,上课专心听讲,自觉独立完成作业了;平常测验,无人监考,能诚信考试。

其实,每个学校都有校规,每个班级都有班规。但如果不能从内心唤醒学生的认同,这些制度对学生而言,就只是冷冰冰的条文,有人监管时就遵守,没人监管时就阳奉阴违,教育就很难达到效果。但自律若成为班级精神文化,就能对学生起到激励和约束的作用,潜移默化地引领学生向好、向善,引领学生成为一个有公德心、诚实守信的人。

(二) 开展特色活动

班级精神文化建设是一个长期的过程，不可能一蹴而就，需要长期的训练和践行。笔者在建设班级自理文化的时候，主要通过长期开展具有本班特色的活动来引领学生培养自理能力，如感恩系列活动。

感恩系列活动主要是通过有趣的活动形式来巧妙引导学生从生活点滴做起，培养其感恩之心，同时养成生活自理能力。

1. 感恩父母

学生对父母最基本的感恩是生活能自理——能收拾房间，能搞卫生，能买菜做饭，也就是能干好家务活，能照顾好自己，让父母放心；学生如果在此基础上能主动为家长分担家务，那就真的是从心里到行动感恩父母了。为此，笔者设计了"感恩在于日常点滴行动"的活动，包括日常要求和假期在线要求两部分，规定学生必须每天做家务。具体活动方案如下：

笔者设置好学生要填写的表格内容，如下表：

日常感恩点滴行动表

姓名	日期	感恩家务	自评	家长评价

假期感恩在线表

姓名	日期	感恩家务	今日菜式	拿手好菜/汤	自评	家长评价

笔者点击"协作共享"即可生成二维码和链接，发布到班级QQ群。学生和家长扫描二维码或点击链接即可用手机或电脑填写共享表格。全班数据每天自动汇总，笔者即可导出当天数据，发布到班级QQ群中。每个学生的日常家务情况、自我评价以及家长的反馈就能一目了然。

学生在上学期间"感恩家务"的最低要求：每天至少完成搞卫生，晾、收衣服，洗碗中的一项。寒暑假，"感恩家务"要求升级。除上述要求以外，还增加了一项——每天必须为家人买菜做饭，寒假要能做出拿手的两菜一汤，暑假增加到四菜一汤。且方案对每天具体的开销也做了规定：三口之家每天买菜的开支一般不能超过50元，四口之家一般不能超过70元，当然具体开支数目可以根据家庭具体情况和特殊日子，由学生和家长共同商定。

这个活动贯穿于学生每天的日常生活当中。学生每天在群里都能看到本班同学的家务劳动情况，看到别人的进步，自己也不想落后。个别家长原先还担心做家务会影响孩子的学习。但其实每天做家务，学生不但能体会到家长日常的不容易，而且能学会合理安排每天学习和生活的时间，一举多得。学生的实际成长打消了个别家长的顾虑。后来家长们都支持这个活动，而家长的全力支持使活动取得了更明显的成效。以笔者带的2017届初中（9）班学生为例，经过三年坚持不懈的锻炼，许多学生到初三毕业时，都可以煮出十几个拿手好菜，熬出好几道靓汤；在寒暑假期间，父母下班时，就能吃上香喷喷的饭菜了。

2. 感恩老师

每逢重大的传统节日，笔者都要组织班级活动来共同庆祝。而活动的一个重要目的就是要表达学生对师长的感恩之心。以中秋节为例，笔者举办"每逢佳节更感恩，一份食品一片情"活动。活动前要求每位学生亲自制作一份应节食品，一部分留给家人品尝，一部分带回学校在活动中和同学、老师分享，以表达对家人、师长、同窗的节日祝福。活动前笔者指导班干部制作好给科任老师的活动邀请函、感恩卡、感谢信。由科代表把邀请函送到各位老师手上，邀请所有科任老师出席；活动结束时，给老师送感恩卡、感谢信，对老师能在百忙中出席活动表达谢意和节日祝福。对因故没能出席的老师，笔者指导学生在活动开始前用饭盒盛上各类食品，和感恩卡、感谢信一起送到这些老师的办公室，感谢老师的辛勤教导，祝愿他们节日快乐。

3. 感恩班级

学生感恩班级最好的行动莫过于自己的班级自己管理，班级荣誉共同创造。每年的体育节、艺术节和跳蚤市场活动是培养学生对集体感恩之心的良机。所有活动都以增强班级凝聚力，培养学生的合作意识、组织策划能力为目的。

例如在2015学年带初二（9）班时，笔者在当年的艺术节前，就组织召开班委会，讨论本班参赛的节目形式和内容，要求尽量原创，其余所有事务都由班干部牵头组织全体学生实施。经班委会讨论决定艺术节本班以自编自导自演的历史剧参赛。剧本由谭同学创作，笔者只负责审核，演员是全班学生。而且班委会指定导演、服装、道具、音响、录像等负责人，对每个学生要做什么都做出详细方案。方案确定后，全体同学各司其职，在两周时间内就排出了一部高水平、高质量的历史剧《山河犹在》，在校艺术节上荣获一等奖——这出历史剧是我校建校以来第一部由学生自编自导自演的戏剧。

对于跳蚤市场活动，笔者同样只做指导，具体工作全部由学生完成。笔者要求

班委做好策划、账目、支出、收入、市场调查、进货渠道、货物保管、售卖、售后结算总结等分别由不同的人负责,调动所有学生参加,一定要人人有事做。每个学生都非常积极。每年跳蚤市场的收益都归班费,而笔者所带班级每年的收益都能达到2000元以上。学生通过活动不但锻炼了组织、策划、协调能力,也收获了自信,收获了团结向上的班集体。

4. 感恩社会

我们是社会中的人,一定要回馈社会才能实现人生更大的价值。班主任一定要及早给学生树立这种有社会担当的意识。笔者引导鼓励学生参加各类志愿团体和志愿活动,随时帮助有需要的人。如鼓励学生参加青年志愿者团体,团、少先队志愿者团体,参加学校、社区的志愿者活动等。

(三)指导学生自省

1. 指导阅读

自省是学生成人的重要特征,是学习和以后工作、生活的重要方法,必须从小培养。众所周知,单纯的说教往往是苍白无力的,对于正处在青春叛逆期的初中生而言尤为如此。只有学生由心想学好,由心想改变,也就是,他必须要具有自我教育的能力,他的发展才是可持续的。但学生阅历有限,怎样才能实现自我教育、自我反省呢?笔者认为最佳的办法是:大量阅读经典,站在前人、伟人的肩膀上成长。因为阅读经典,可以丰富人的文化底蕴,陶冶性情,开阔眼界,增长智慧……阅读能让学生受到心灵的触动,实现自我感悟,自我教育,自我反省,自我修正。因此,每学期笔者都会给学生开出一系列书单,指导学生阅读,让学生从中汲取成长的养分。以下是其中一部分书单:

(1)解决两代人的矛盾:《傅雷家书》、龙应台人生三书系列,尤其是《亲爱的安德烈》。

初中青春期的孩子,遇上他们口中"更年期"的父母,常常如"火星撞地球"。如果我们的学生、家长在这个时间段都能好好读读上述书籍,学会理性地对待两代人的分歧,有智慧地沟通,将会极大改善他们的亲子关系。

(2)拷问人生终极价值和意义,从容面对挫败与生死:史铁生的散文《我与地坛》《病隙碎笔》。

当代学生很缺乏挫折教育,心理承受能力普遍较差。所以很有必要指导他们细细品读史铁生先生的散文,学习这位可敬的残疾人作家对生命的从容态度以及对生命终极意义与价值的探寻。

(3) 人物传记让人生格局大不同：《爱因斯坦传》《居里夫人传》《乔布斯传》等。学生将从这些伟大人物身上学习到对名利的正确态度，对理想的不懈追求，透过现象看本质的探索精神，实事求是、寻根究源的科学态度，从而反观自身，促进自己的发展。

2. 要求写日记、班级日志

任何人只有总结和反思，他才能够成长。所以笔者要求学生必须写日记；班上还按学号轮流写班级日志。通过这种方式让学生在这个浮躁的时代里能有一个时间沉静下来，尽量与自己的灵魂对话，默默地对自己的心态、行为、学习进行修正。

四、班级精神文化建设的成效

如上所述，笔者所带的每一届学生，在自律、自理、自省的班级精神文化引领下，在做人方面都发生了很大的改变：生活自理，有公德心，有责任感，诚实守信，懂得感恩……而这些正是我们自立于社会最基本的品质。

教育的本质是一个灵魂唤醒另一个灵魂，班主任要真正做到以德育促智育，以班级精神文化建设引领学生成长，这样对学生和祖国的未来都将会有深远的影响。

参考文献：

［1］韩东才，李季. 现代班级管理［M］. 广州：中山大学出版社，2015.

［2］李季，贾高见. 中学德育问题与对策［M］. 北京：万千图书出版社，2012.

［3］刘晓琳. 建设班级精神文化的实践探索［J］. 教育导刊，2011（3）：67－68.

［4］雅斯贝尔斯. 什么是教育［M］. 北京：教育科学出版社，2010.

［5］范宝峰. 春风化雨滋润心灵——班级精神文化建设探索［J］. 教育教学论坛，2001（19）：24.

文化引领 活动育人
——初中起始年级班级管理的几点体会

黄佳敏

初中阶段是学生世界观、人生观、价值观形成的关键时期，这时候学生无论在学习还是品德方面，都具有鲜明的可塑性，而初中起始年级的学生尤其如此。因此，如能根据初中学生的这一心理特点，因材施教，我们的班级管理将取得明显成效。下面以笔者所带初一年级"向阳一班"为例，谈谈如何通过文化引领和活动育人两大途径来进行班级管理。

一、文化引领

根据我们的班级愿景，向阳一班的班级文化应该是自尊的、进取的。自尊文化，意味着学生要充分肯定自我价值，相信"我能行"，有强烈的自我认同感，能自我尊重和自我爱护。进取文化，就是我们的口号"大干一番"所包含的意思，即全力以赴，鼓励创新，宽容失误，但绝不容忍不作为。无论是自尊文化还是进取文化，都既包括学生个体的自尊与进取，也包括班集体的自尊与进取。个体与班级互相作用，相互促进，形成良好的互助力。这一方面，我们主要从硬文化和软文化两个方面来落实。

（一）硬文化建设

在硬文化建设方面，我重点关注课室卫生情况和课室文化墙的布置。

1. 课室卫生：具体细致，干净有序

在我们班，学生定岗定时值日，劳动委员和正班长不必直接参与值日，但须做好提醒、监督、检查、催促返工和临时协助等工作，有效保障值日效果。

在课室卫生的分工方面，我们列出了具体、细致的劳动清单，并落实到每个值日生身上。只要一看清单，值日生就能清楚地知道自己的任务，劳动委员也能有针

对性地落实检查任务。这在很大程度上减小了学生推卸责任的可能性，有效引导学生做到积极主动，发挥"进取文化"的作用。

在卫生要求方面，我们强调干净有序。垃圾桶每日一清洗，每日三擦拭；黑板划分固定区域；讲台、图书角和书桌整齐有序地摆放。这些细节看似微不足道，却能够营造舒适的学习环境，增强师生的身心愉悦程度，进而增强自我认同感，发挥"自尊文化"的作用。

2. 课室文化墙：温馨有爱，努力拼搏

我们的文化墙很简单，却温馨有爱，充满力量。比如后黑板的右边是我们班每位学生的成长相册，照片内容是学生儿时与今日的对比。44人，44份成长经历，44个独特的生命。在欣赏中，在欢声笑语中，同学们的关系更加融洽，班级氛围更加温馨，"自尊文化"也在潜移默化中逐渐形成。

后黑板的上方、教室左侧空白墙上，以及前门上方，都贴有符合班级学情的励志标语。由于我们班学生大都尚未形成良好的学习习惯，容易懒散懈怠，在学习上不够自觉，不太明白学习的意义，因此，我们围绕"努力"与"坚持"选取了三则励志标语，以此激励学生，进而形成较浓郁的学习氛围，建设"进取文化"。

(二) 软文化建设

在软文化建设方面，我们比较成功的尝试主要有班风、班服和"选座位"制度。

1. 班风建设：积极主动，大干一番

基于学生普遍比较被动的性格特点，我引导学生在学科学习上主动向老师请教（如果在办公室找不到老师，那就去班级找；如果一次找不到老师，那就多找几次）。在班级事务上主动找班干部或班主任反映情况、提出建议。在生活事宜上先依靠自身能力解决问题，实在无法解决时，不逃避，积极找舍友、宿管老师或班主任反映情况、寻求帮助。对于积极主动的学生，我会在班上及时、公开地表扬，并给予相应的德育加分，以鼓励其他同学参照学习。

在日常行为方面，我对学生提出了较高要求，所谓"怀菩萨心肠，行霹雳手段"，就是为了激励学生挑战不可能。对于拼搏进取的行为，我也会及时、公开且正式地进行表扬，并点明具体方法与方向，给予学生信心，让大家相信自己也能做到。

2. 班服设计：独立设计，集体参与

我们的班服是集体努力的成果——班主任结合班风提供创意雏形，赵欣雨同学

执笔设计，肖政涛同学联系厂家，全体同学投票表决。

在班服设计上，我们的核心理念是"积极主动，大干一番"。班服正面是"积极主动"的英文"positive"，其中，用小太阳代替"o"，象征"向阳而生"；由小红旗代替第一个"i"，象征目标明确，团结一致；将"v"画成小草模样，象征我们坚忍不拔，愈挫愈勇。班服背面由文字"正气凛然""大干一番"构成，大气洒脱，积极向上。

穿着这独一无二的班服，一种自豪感油然而生——这就是"自尊文化"和"进取文化"的力量。

3. "选座位"制度：提供机会，激发内驱力

我们班为学生提供了选择座位的机会——我们一般是三个星期换一次座位，只要这三个星期内德育评分排名班级前20，就能按排名的高低依次选择下一轮的座位。

这一"选座位"制度深受学生欢迎，许多学生为了选择一个理想的座位，便会严于律己，不仅遵守纪律，不被扣分，还会主动为班级和同学服务，争取加分。从形式上看，这只是德育分数的变化，但从本质上看，学生完善自我、追求进步的内驱力已然被激发。而"三周一轮计分，每轮计分清零"的设计也让每个学生都看到了进步的可能性，因而更愿意为之付出努力。"自尊文化"和"进取文化"也就在学生的一点点努力中逐渐形成。

二、活动育人

活动，是学生最感兴趣的事情，也是我们开展班级管理的重要抓手。在活动中落实立德树人目标，在活动中成为更好的自己，让活动为我们的成长助力，这是我们全班的共识。

（一）学校活动：扬长避短，锐意创新，全力以赴

学校经常开展丰富多彩的活动，作为班主任，在起始年级就要让学生认识到活动的重要性，激励学生产生自我认同感，激发学生的好胜欲。因为我们致力于建设"积极主动，大干一番"的班风，因此，在每一次学校活动中，我都会尽可能做到扬长避短，锐意创新，全力以赴。

在活动准备阶段，我会先做好动员工作。向学生介绍本次活动的具体内容，详细说明评比细则，重点强调我们的优势与已经取得的成绩，让学生相信"我能行"，并产生"我要行"的进取心理。

接着,我会与学生一起做好分析、准备工作。这是一项客观的分析任务,必须"知己知彼",方能"百战百胜"。在这项工作中,首先,我会引导学生分析本次活动的目的,让学生站在主办方的角度来思考自己想要实现哪些目标,明确活动立意;其次,我会引导学生分析其他班的优势,让学生提出我们班可以采取的方案,再站在对立面的角度提出质疑,师生共同做好风险评估;经过比较周密的分析与预测,我们会明确一个大概的方向,围绕此方向,我们再分派任务,要求在规定时间内完成,并尽可能有所创新。

之后,我们全力以赴进行排练。因为时间有限而宝贵,所以在排练的时候,我会让活动负责人明确各个时间节点的排练任务,先排练精华部分,走整体,再抠细节,争取提高效率。一般而言,我们首先会采取分批排练的方式,各个小组负责人按任务组织排练,之后再组织集体排练。在时间安排方面,我会争取在学校里走完大致流程,然后让学生录制视频分享到班级群,提醒学生在家里自行练习,以最大限度节省时间。

因为学生表演基础薄弱,缺乏活动经验,所以在活动的每一阶段,我都会积极参与,并进行"打鸡血"式的鼓励与及时引导。

通过大家的努力,尽管我们"先天不足",但依旧凭借立意和创意多次斩获一等奖等荣誉,这无疑在很大程度上强化了我们的班级自尊文化和进取文化精神。

(二)班级特色活动:了解学情,及时干预,尽兴而为

本学期,在缤纷多彩的学校活动之余,我们班还开展了女生会议、班级法庭、挑战书、篮球赛和庆功宴等特色班级活动。每一项活动的开展都基于对学情的了解,做到及时干预,及时调整,鼓励学生尽兴而为。

在10月份月考结束后,我发现男女生的学业成绩差距过于悬殊,再加上班级女生在课堂上的表现普遍比较沉闷,因此,我趁热打铁召开了一次女生会议。会议时间很短,25分钟左右;会议内容很丰富,由班级男女生成绩对比引入,分享我身边早早辍学的女孩子的人生选择,再谈到社会上男性与女性在就业时的不对等竞争;会议效果比较理想,全体女生屏息凝神,在听到她们不曾想象乃至不愿接受的事实时,她们坚定摇头,我知道班会已经触动了她们的内心。会议最后,全体女生都写了一份小目标。在那以后,我们班女生的学习情况有了明显好转。

开学后不久,我们班发生了一次比较严重的争执事件。两位男同学在数学课前因琐事产生误会,各执己见,情绪激动,差点动起手来,争执一直持续到数学课上课。数学老师进行劝解时,其中一位男同学还愤愤不平,顶撞老师,甚至引来其他年级的老师介入管理。虽然这次风波在上课后很快平息了下来,但已在一定程度上

影响了数学课的正常进行。由于当天上午我因公外出，下午回来在跟数学老师及双方当事学生了解情况后，我立刻举行了一次时长30分钟的班级法庭活动，予以及时干预。

这次班级法庭活动并不正规，因为没有原告，班主任担任法官，双方当事人都是被告，其他同学是陪审员，被告和陪审员都有自由发言的权利。虽不正规，但氛围很严肃，学生很投入。通过多方摆事实、讲道理，这次风波有了较理想的解决方式。此后，班上再无此类极端行为发生，学生也懂得控制情绪，寻求更合理的方式来解决问题。

对于我们班的学生而言，"成功是成功之母"。成功可以增强学生们的自信心，激发他们继续拼搏进取。因此，我们特别珍惜每一次的拼搏体验，无论成功与否，只要孩子们全力以赴、取得进步，我就会大加鼓励和奖励，如德育加分、免作业、发放奶茶、披萨、蛋糕、牛肉丸等，还会与家委联系，共同为学生准备集体庆功宴，让学生尽兴享受胜利的喜悦。因为每一次的努力都得到了积极回应，我们班的精神风貌变得更加昂扬向上。

这些探索尝试告诉我们，作为班主任，我们应该成为引导者，正面管教，提供方向；应该成为激励者，充分信任，及时肯定；应该成为支持者，用心鼓励，温暖拥抱。如此，我们的教育一定会如人所愿，学生也一定会乘风破浪，精彩一生。

集体教育与个体教育
——班级管理的两个抓手

罗俊杰

班级管理中，集体和个体既是互相矛盾又是互相依存的一对概念。有时候为了照顾集体利益，必然损害某些个体利益，反之亦然。如何平衡集体与个体的关系，尽可能让个体在集体的怀抱中获得最大的发展？这就要求班主任要用好集体教育和个体教育两个有效抓手。

一、狠抓大局，弘扬集体主义精神

班级管理中必须有大局观，尤其是在一些大是大非问题面前，抓大放小是首要原则。因此对于一些涉及班集体整体利益的方面，班主任一定要弘扬集体主义精神，使个人利益让位集体利益，以求得班级发展的最大可能性。

1. 抓常规，加强集体主义教育

一个班集体的建立，需要有规章制度作为支撑。规则教育，也是班级德育工作的重要内容。因此，班主任在班级建立伊始，就应当把制度的确立作为重要的工作。一方面，要结合班级管理中最容易出现的问题，及时制订相应规章规约；另一方面，也要结合自身班级管理经验，制订合理的文明公约。班级运行期间，要求师生依照班级文明公约行事，将之作为行动指南，并一以贯之地坚持下去，以保证班风学风的端正健康。在日常管理中，班主任要持之以恒地抓好班级常规，与全体学生一道打造班风正学风优的优秀班集体。

在任何时刻，班主任都要让学生意识到，班集体就是班级成员的命运共同体。班荣我荣，班耻我耻，只有当班集体整体发展良好，每位同学才能有更好的发展空间。因此，弘扬集体主义精神，是班集体建设的第一原则。

2. 促自主，建立优秀班干部队伍

如果说合理的班级文明公约是班级运转的基础，那么一支得力的班委队伍则是班级正常运转的保证。实践表明，优秀的班干部队伍不但能大大减轻班主任事必躬亲的压力，更能促进班级的良性发展。编排班委队伍，笔者一般采取"培优"和"补差"双管齐下的方式。委员的安排可以"培优"，选有特长者任职。科代表等其余职务则可以"补差"，通过任命，帮助某些在学习上有薄弱学科的学生提高学科学习的积极性，主动加强其与对应学科老师的联系，使其学习均衡发展。另外在实际操作中，也可别出心裁，如将军训时喊口号声音洪亮的同学编为纪律委员，将有计算机、摄影特长的同学编为电教委员等。"扬长"可以大大增强学生的自信心，让每位同学都尽量去做自己擅长的事，让班级自治工作如鱼得水。

班长的选定则是班委编排的重中之重。在班长选拔中，笔者一般遵循如下两个原则：一是学业成绩中上，思维比较灵活，避免班长因学习拖后腿而影响班级工作；二是执行力强，性格比较果断，这有利于班长发挥优点，保证各项决定的有效执行。

集体主义教育落实到班委安排上，应做到"人人有事做，事事有人做"。这样可以避免部分同学因职位较高而摆"官威"，部分同学因不被任职而自卑。"人人有事做"的集体中，谁都是不可或缺的一分子；只要尽力工作，谁都是在作贡献。因此，班级管理中高扬集体主义的旗帜，有利于迅速培养集体凝聚力，助力班级更好地发展。

二、张扬个性，发挥个体积极主动精神

作为班级集体，班级管理中照顾大局无可厚非，但班集体毕竟是几十个个体的聚合，因此在班级管理中照顾个体的个性需求也非常重要。因此，在照顾全局利益的前提下，班主任需从学生个人情况出发，因人而异地施以"精准"的个体教育，以张扬学生个性，助力学生个性化发展。

1. 开展高效沟通，解决实际问题

很多班主任在工作中，尽管尝试了很多教育方法，但往往事倍功半。笔者以为，开发多元的教育技巧固然重要，但在时间紧、任务重的班级管理常态下，如何做到高效谈心，着眼于解决学生实际问题，是一线班主任更应该思考的方向。

谈话要高效，选择话题是关键，这要求班主任对学生情况有足够的了解。从心理学的角度看，每个人都会优先关注涉及自己切身利益的信息。作为学生最关心的，自然是与自己发展息息相关的信息，如高中学业修读、高考成绩、职业规划等。这也意味着，教师在选取话题时，尽量不要选择社会层面或班级层面等指向面太广的话题，因为此类话题适合在班会课或班集体教育中讨论。我们更应选取的，

是针对学生个体存在的问题，或有个性化倾向的聊天。如学生学习习惯差，我们就跟他们谈习惯养成的重要性；学生学习不得法，我们就结合经验，和他们分析方法。如此谈话，才能切中学生发展利益，让学生感受到老师的细致贴心，效果自然比其他话题更佳。

2. 加强信念教育，激发自主动力

众所周知，有理想目标的人，每天都精神抖擞，而没有目标的人，每天都迷茫困惑。作为学生，他们自然都知道学业重要，但部分学生由于自制能力差，习惯不好，学业成绩难以进步，也由此成为他们的"心病"。为此，开展合理的理想信念教育，有助于他们找准自己的人生道路，并为之付出努力。

也许有部分教师会认为，高一年级学生正处于习惯养成时期，我们应把有限的精力放在他们的习惯养成上。但笔者在班会课或个别教育中，经常将高考形势政策等未来才涉及的话题作为重点，为的就是以一种前瞻的态度，来指导学生长远规划自己的未来。当学生通过老师的讲述，知道了高三的学长们在备考中面临的困难，就会未雨绸缪地准备，以免自己到时也面临同样困难。所以，信念教育是让学生以终为始早做准备，明确自己的奋斗目标，并激发奋斗的内驱力，这比空泛的习惯养成教育要有意义得多。

3. 坚持就事论事，褒贬张弛有度

在班级管理中，如果教师过于强调表扬的作用，班集体的运行就会没有原则，容易走偏。同时，我们更不能只对成绩优秀的学生就大力表扬，对成绩不佳者就坚决批评。要知道"尺有所短，寸有所长"，每位学生都有各自的优缺点。因此班主任进行个别教育时，一定要坚持就事论事的原则，理性对待每位学生的行为，辩证地采取不同的表扬或批评的方式。

如张同学期中考试成绩优异，获年级公开表扬。之后，该生表现自负，言必吹牛，还不认真完成学习任务。笔者在仔细分析其成绩后，发现其虽然总分优秀，但有明显偏科现象。究其原因，在于日常不认真落实语文、英语科目应知应会知识的记背，造成文科长期拖后腿。为此，笔者对其学习习惯提出了严肃批评，并让他向更优秀的同学看齐，力求各学科均衡发展。该生意识到错误，在下半学期认真改正，取得了更大的进步。另一学生小李，为人亲和，执行力强，但一直以来成绩平平，学习上缺乏自信心。笔者找其谈话，首先对其热心为班级服务给予高度肯定，接着和她分享了自己在读书时期努力进步的经历。小李深受触动和鼓舞，不但在学习上有了信心，且后来积极参加校运会等活动并取得佳绩。可见，对于不同学生，宜理性采取表扬和批评的方式，这样褒贬有别，张弛有度，个体的"小"发展就会

助力班集体的"大"发展。

总的来说，班主任在班级管理中，要注意掌握"集体主义"和"个人主义"的平衡，两者不能偏废。过于强调集体主义，德育工作易浮于表面，谈话难以深入学生内心；过于强调个人主义，班风容易混乱，班集体就不能心往一处想，劲往一处使。只有用好集体主义和个体发展两个抓手，一个优秀的班集体才能尽早建成。

高中班级舆论管理策略浅析

陈 征

众所周知，高中生正处于观念建立和人格形成的关键时期。此时他们的世界观、人生观、价值观尚未完全建立，极易受外在环境影响。而身处互联网时代，海量信息的冲击，各种观点的碰撞，对他们都极可能产生影响。因此，作为班主任，加强对班级舆论的管控就显得极为重要。因为只有班级在风清气正的氛围下，学生才能在正确的道路上越走越远。

一、加强言论引导，提升道德品质

网络开放的世界，隐匿的身份，使得很多人放下严谨和自制，成为戴着面具的"键盘侠"，恣意发泄情绪，造成极为不好的效应。青少年学生受此影响，滥用揶揄、玩笑的网络用语，养成不良的言行举止，并在班上形成"蝴蝶效应"，让班级舆论一发不可收拾。对此，班主任应注意观察学生言行，摸清哪些学生容易不受约束，喜欢扩散不良言论，并加以提醒或制止。同时，要利用班会教育时间，一是要让学生认识言语的力量，正视社会和网络上不当或不实舆论问题，认识到言语的善恶带来的不同影响；二要结合名人大家谨言慎行的待人处事案例和学生身边的现实实例，让同学思考良言和恶语的区别，提升学生素质，学会谨言慎行，不说失实言论；三要鼓励学生德行在先，德在行先，用正确的三观指引自己的言行，不被失实的言论旋涡所包围，也不会助长不实言论。如此加强言论引导，班集体中的不正之风才能被遏制，良好班风班貌才能很快形成。

二、明确班规细节，强化班委职责

在班级公开场合里，不当言论和举止容易打破规矩，引来议论。对此，如果不及时关注、引导和处理，就会破坏班级风气。所以，班主任要做细工作，以便于及时了解和指引。明确班规细节，是遏制班级不当言行的首要工作。俗话说，"无规

矩不成方圆"，班规是约束学生行为的重要工具。为此，班主任除了要在班会上强调校规校纪，还要在定班规时，充分结合学生学习、生活场景，在具体细节上进行要求和规范，明确处理办法，让学生心中有警戒。这样在出现违规违纪现象时，才能有规可依，按规执行。班委要定期培训，并在班会上明确班委职责，以树立班委威信，消除班委遇事不敢管的心理，提高班委执行力。结合班规，每位班委都要有自己对应的职责，每周有汇报和小结，以便有效了解学生心理动态。班委作为班级制度的监督者和执行者，要以身作则。班委如出现执行问题，班主任要有针对性地找学生沟通，让其明确事情的性质，消除思想包袱，这样也可以提高班委工作积极性，让班级舆论管理得到更好的维护，有利于班级正气的蔚然发展。

三、及时介入处理，控制舆论走向

当班主任发现班里有不当言论时，一定要及时介入处理，以控制舆论走向，避免舆情恶化，影响班级风气。处理时，班主任要保持冷静，坚守原则，且一视同仁。例如可先在办公室里和当事人坦诚交流，了解真实情况，倾听当事人想法，并对其心理和处理方法进行引导。同时，向关心班级情况、德行正直的同学了解有关情况，以免偏听偏信，影响对事情的处理。然后，在全班对近期班里的舆论现象进行教育，以摆事实讲道理的方式，让更多同学走出认识误区，防止流言蜚语的肆意扩散。

例如，班上学生甲和学生乙闹矛盾，缘由是学生乙有一次和班里几个同学私下聊天时用词不当，被学生丙曲解为乙质疑甲的品行，认为其浮躁不专注，爱玩弄人，且将此意思传到了其他班。甲听说之后既愤怒又不满，也没有向乙问清楚，就一直压抑着自己，觉得很委屈。班主任察觉到几个学生的异样，又听闻了班里有关议论后，迅速找到甲谈心，但甲没有主动谈及此事。班主任于是先安抚和鼓励，让他认识到愤怒不是解决问题的办法，冷静下来，让谣言自止于智者。班主任的关心让乙同学主动找老师说清了事情的来龙去脉，同时认识到自己言论失当对甲同学造成的伤害，在老师的建议下主动向甲道歉。丙在这一事件中曲解事实、推波助澜，起到较坏影响，而其他同学人云亦云，对错误言论盲从传播，造成事态的恶化。为此，第二天班主任对全班同学进行了思想教育，告诉同学们"雪崩时，没有一片雪花是无辜的"道理，希望同学们说话要注意方式方法，切莫成为谣言的肇始者。事后，同学甲、乙相互说明了事情缘由，消除了芥蒂，和好如初。

四、加强自我管理，提高辨析能力

舆论的形成和发展有一个过程。两个人的聊天，甚至是一个人的言行，都可能

在下一次的多人交流中成为话题核心，从而带来对当事人的困扰和对事件的偏听偏信。为此，班主任要告诫学生加强自我管理，注意言行举止，对自己的言论负责，尊重他人，谨言慎行，不发表不当言论，不做出容易让人误解的举动，避开成为不当言论的焦点。在对待听到的信息时，学生要学会冷静清醒，提高自我辨别能力，对于没有把握、自己不了解的事情不轻易传谣，不人云亦云，坚守作为学生的本分，不为外界言论所阻塞视听，提高自觉自制力，专注于自己的学业，注重修身养德。如此，才能从根源上保证班风和谐，同学关系和畅。

　　班级舆论管理离不开班主任的细致把控，也离不开学生的自我管理。在人格塑造的关键阶段，身处班级和学校舆论环境中心的高中生应对舆论的方式方法也是在为其成年之后走进更为复杂的社会环境做准备。因此班主任要做好学生品德培育和三观指引，让学生提升品行修养，增强自我管理，成为班级文明风尚乃至社会正气的主动传扬者。

刚柔相济用真情　守得云开见月明
——初中"全派位班"班级管理路径探索

言 芳

所谓"全派位班",就是学生都是电脑随机派位而来,而不是经过推选或考试选拔而来。其生源的复杂性可想而知。今年,在接手了一个"全派位班"后,我即着手调查,发现这个班的孩子不仅成绩差的占大多数,且有近三分之一的学生属单亲离异家庭孩子。家庭教育的缺位,亲情的缺失,导致很多孩子问题重重:普遍集体荣誉感差,不热爱劳动,班级活动不积极参加,教室卫生脏、乱、差;由于行为习惯差导致班级学习氛围差,很多同学厌学情绪严重,许多学生的成绩在整个教育集团都属垫底;上课不听讲、经常睡觉、作业不做者大有人在;组织纪律观念差,经常迟到、旷课,甚至抽烟、喝酒、上网成瘾,过早谈恋爱的也不在少数。作为班主任,刚开学的时候真是焦头烂额,心力交瘁。面对这样一个班级,我该怎么办?思考之余,我决定振奋精神,从学生的特点入手,开始尝试探索之路。

一、以真心换真情,施以有温度的教育

苏霍姆林斯基曾说:"教育教学的全部奥秘就在于如何爱护学生。"有爱的教育,哪怕是"呵斥",学生都能感受到你的情感,都愿意听。班主任用真心对待学生,自然就能换来学生的真情,打开他们的心扉,让师生成为朋友,从而接受你的教育。

作为班主任,我们要尊重学生的个体差异,不能用统一标准要求每一个学生。我们应该看到不同学生的闪光点,培养他们学习以外的健康向上的兴趣、爱好、特长和素质,对于他们的进步和优点要及时在班上表扬。正如苏霍姆林斯基所说:"老师要用多视角的眼光看待充满生机活力的个性化的学生,要多角度全方位地评价学生,多给学生掌声和喝彩,让每个学生都抬起头来走路。"

"全派位班"的学生中后进生所占比例较大,这类孩子本来就需要更多的鼓励,

需要真诚赏识，需要更多的关爱。而事实上，对于这个班的改造，我就是从得到学生内心的认可，抓住学生的心开始的。

比如班上唐同学等几个孩子喜欢足球，我就鼓励他们放学后到球场上奔跑，后来他们组建的球队过关斩将，获得年级足球赛比赛第二名的好成绩，这几个孩子学习信心大增。叶同学和朱同学虽然成绩不好，但劳动认真负责，管理能力很强，我就安排他们做劳动委员，他们表现出色，班级劳动卫生从此再也不用我操心。薛同学调皮爱动成绩差，脾气暴躁爱说闲话，但他热爱运动，体育成绩好，在运动会上为班级赢得了许多荣誉。我抓住他的这一优点，经常表扬他，他为了不辜负老师的期望，自然慢慢改掉了不好的行为习惯。

所谓"亲其师信其道"，我通过"感情投资"，让自己成为学生亲近和信任的人，终于赢得了孩子们的拥护和支持。

二、严抓常规管理，培养良好行为习惯

无以规矩，不成方圆。良好班风需要好的学习习惯和积极向上的目标观念支撑，而只有落实班规班训，规范管理，才能真正让学生养成良好的行为习惯，形成良好的班级风尚。为此，在开学后第一次进教室，我就很严肃地给学生开了一次班会，对学生每天的学习和常规提出了明确要求，申明了班级纪律。

开学后的第一个月，我就狠抓班级日常管理。我每天早上7：10到班，从早上走进教室的那刻起，我就开始提醒孩子们，早上来了要干什么，怎么安排自己的早自习前的时间。有些学生不会搞卫生，我就亲自示范，从地面到桌面，从讲台到墙体，都一一打扫干净，手把手做示范。我告诉班干部们如何检查作业，教育学生如何养成良好的早读习惯；提醒孩子们上课前要做什么，下课后要安排什么。课间我也经常来到班里，发现问题及时处理。刚开学那段时间，我甚至陪着学生午休，教会他们养成午休的好习惯。下午放学后，我也会来到班级，告诉孩子们该怎么安排放学时间，晚自习时应该怎么自习等。这些日常行为规范，我都不厌其烦地向学生反复训导。

良好的开端等于成功的一半。由于在入学伊始就注重勤、细、盯，让学生及早养成了各种良好习惯，我们班几乎每周都能夺得学校的流动红旗，多次获得全校文明班称号。这充分说明，严抓常规管理的办法是卓有成效的。

三、抓住教育契机，培养集体自信

由于"全派位班"学生大都底子薄，成绩不佳，因此横亘在他们面前的第一座

"大山"就是不自信。为此，我抓住一切契机，用心培养学生对班集体的自信心，以增强班级凝聚力，利用集体的力量感染和带动每一个个体。

比如，为了让班级在开学军训队列评比中获得好名次，我陪着学生训练各种动作要领，对个别接受能力差、动作不规范的学生，我单独陪他们训练，和他们谈心，耐心地鼓励他们，尽力争取不让一个学生掉队。后来，孩子们果然不负众望，获得军训队列评比一等奖。这大大提升了他们对班集体的信心，鼓舞了他们的士气，培养了他们的集体荣誉感。

升入初二后，孩子们参加了初中阶段第一个学校艺术节。其间，我和孩子们一起登台表演歌伴舞《我爱你，中国》。我利用自己的声乐特长引吭高歌，惊艳全场，节目最终获得二等奖。这不仅提高了班集体凝聚力和孩子们对班级的信心，也让同学们对班主任产生了崇拜感，为以后的班级管理奠定了很好的基础。

由于在班级管理中倾注了感情，投入了心力，我们的班风班貌在一天天改变，学生们的学习兴趣和劲头一天天增强。升上初三后，我们班的成绩稳步提高，和其他优秀班的差距在逐步缩小。

展望未来，虽然我们是"全派位班"，起点不高，但我们有信心通过努力，撕下"落后"的标签，为更靓丽的人生积蓄奔跑的力量。

疫情防控背景下的班级管理策略

蔡文高

2020年初的新冠肺炎疫情不仅考验了我国各级地方政府的治理能力，也深深影响了我国人民的价值观念、心理健康、生活习惯。紧张的疫情形势、长期的居家隔离、陌生的线上学习模式，导致不少学生出现孤独、焦虑、恐慌甚至抑郁等心理反应；部分同学患上了严重的"手机依赖症"；还有部分同学受网络上一些不良思想的影响，出现认知方面的偏差。在此特殊的疫情背景下，班主任应如何利用我国积极抗击"疫情"的资源，加强班级管理，从而帮助学生重构健康心理、树立正确的价值认知呢？

一、加强爱国主义教育，培养国家认同感

在此次抗击新冠肺炎疫情之初，面对未知的病毒、口罩等防疫物资紧缺等问题，我国始终坚持"以人民为中心"的发展思想、坚持"人民利益高于一切"。在党中央的坚强领导下，坚持人民当家做主，集中力量办大事。我们看到，十天时间建成火神山和雷神山医院；无数的中国人民放弃和家人团聚的春节假期，加班加点投入到抗疫物资的生产之中；一批批的医护"逆行者"迎难而上，不畏牺牲；无数的城市响起"湖北加油""武汉加油"的呐喊声。在鲜活的抗疫案例背后，展现的是我国强大的制度优势、日益增长的综合国力，以及万众一心的强大凝聚力。

疫情期间学生居家学习，思想教育工作要常抓不懈。教师利用网络，开展一节特别的线上班会课——"这，就是我们的'国'！"。十五分钟的视频中，教师呈现了一场场抗疫情景和一个个"逆行"的英雄。丰富的图片素材、感人的背景音乐、持续下降的确诊数字，无不深深震撼着学生的心。当最后数字出现"0"时，许多同学热泪盈眶。

在谈感想环节中，一条条信息传递过来——"厉害了，我的国！""哪有什么岁月静好，只不过是有人替我们负重前行。""你'逆行'的样子，真好看！""我爱你，中国！"……

真实，才能打动人。爱国主义教育不是简单的说教，不是强行的灌输，而是真切的心灵触动。多难兴邦，教师要引导学生关注疫情持续好转的背后，离不开中国共产党强有力的正确领导、中国特色社会主义制度的无比优越性，从而帮助学生培养国家认同感和制度自信。

二、加强榜样教育，确立奋斗目标

榜样教育，是教育者根据教育的目的以及受教育者身心发展的特点，以榜样这一特殊的人格形象为载体，激发起受教育者的内在动力，调整自己的认知并引起情感上的共鸣和心理认同，最后内化榜样的精神品质的教育活动。

一直以来，我国都有向榜样学习的传统。圣人孔子常举尧、舜、禹、周公等人作为榜样，教育弟子们"见贤思齐"；汉代教育学家许慎在《说文解字》一书中指出："教，上所施，下所效也；育，养子使作善也。"

在这次抗击疫情中，涌现出无数令我们感动的"英雄人物"。他们或是84岁的钟南山院士、74岁的李兰娟院士，或是"80后""90后"的抗疫一线医护人员，或是利用下班时间义务接送医护人员的快递小哥，又或是在各小区门口为我们筑起安全屏障的平凡志愿者……在他们的身上，我们看到了精湛的专业技术、爱岗敬业的职业道德和舍己为人的大爱精神。

在此次疫情中，教师开展"向榜样学习"的主题班会，让每个孩子寻找在此次抗击疫情中让你感动的榜样，并说明为什么让你感动，我们应该怎么向他们学习。孩子们从自己独特的视角出发，给出了心中的答案。有孩子提出向钟南山院士学习，因为"他不仅医术精湛，而且勇敢无畏，他劝别人暂时没事不要去武汉，自己却拖着疲惫的身躯前往疫情灾区，太帅了。我也要成为他那样的医生！"

有孩子说自己的爸爸就是英雄："他不是医生，也不是有钱的企业家，就是普普通通的工人。但是他为了我们这个家，每天努力地工作，疫情期间还主动帮助行动不方便的邻居老人外出采购生活用品。踏实，顾家，我爱我爸爸。"

榜样就在身边，榜样的力量是无穷的。教师要引导学生向榜样学习，可以培养社会责任感，树立奋斗目标。

三、抓好心理疏导，健全心理人格

任何一场公共危机，都会伴随着公民个体的心理波动，甚至可能产生心理危机。尤其是初中生，由于心智发育尚未成熟、自我身心调节能力较差、学业压力较大等主客观因素，他们更加容易受到疫情的影响。根据教育部的调研和全国心理援助热线掌握的信息，青少年在疫情期间表现出来的心理状态，主要有因为疫情引起的心理恐惧、焦虑和压抑；担心居家学习效果不佳、害怕学习成绩下降；亲子矛盾紧张升级，甚至出现家庭"大战"；居家生活枯燥无聊，导致易怒、作息不规律、想外出等不正常状态；玩手机时间增加，难以自拔等。

这些心理状态，未来也许会随着疫情的缓解、学生回归常态化生活而逐步消除，但也有部分同学可能没有办法完全调适过来，落下心理病根，最后影响未来的心理健康和人格完善。

为此，教师在班级管理中要及时关注学生的情绪波动，给他们以帮助和支持，让他们获得心理支持和力量，从而走出困境。

比如，教师在初三班级中开展"抗击疫情，从'心'开始"主题班会。教师学习心理干预知识，准备好主题班会课。利用网络资源，查找关于新冠肺炎病毒的知识并做好课件，以便让学生了解病毒知识，明白该病毒"能防可治"，帮助学生缓解恐惧、担忧的心理；利用学校心理教师的专业支持，帮助学生学会心理调适和疏导的技巧；采取"运动""放松训练""读本好书""做个美食"等调节情绪的方法，并在QQ群、微信群上分享，形成正面相互影响、良性相互支持的班级氛围；帮助学生尽快适应线上学习的方法，消除成绩下降的心理焦虑。教师还要加强家校合作支持，帮助学生主动沟通，建立青春期良好的亲子关系。

这些心理调适活动，将会推动学生从恐惧等消极情绪转化为积极的行动，帮助学生在受挫折的现实环境中获得心理和心智成长。当然，教师还应积极培养学生创造和维持主观幸福感的能力，鼓励他们勇于突破人生逆境，主动承担责任，培育积极乐观的人生态度，不断提高心理素质。

四、落实劳动教育，培养健康意识

劳动是人类社会进步的途径，是人类获得幸福的源泉。2020年3月，中共中央、国务院发布《关于全面加强新时代大中小学劳动教育的意见》，明确指出："劳动教育是中国特色社会主义教育制度的重要内容，直接决定社会主义建设者和接班人的劳动精神面貌、劳动价值取向和劳动技能水平。"

新冠肺炎疫情在给我们带来伤害的同时，也促使我们不断地反思我们旧有的生活习惯和方式。注重卫生环境建设，注意个人卫生习惯，培养健康的生活方式，应该成为我们未来班级管理教育的重要组成部分。

比如，我们要定期开展劳动体验课，搞好班级卫生；定期开展家务小能手比赛，让学生积极承担家务，在家务劳动中理解父母的辛苦；开展卫生知识大比拼活动，全方位了解病毒防控等知识；开展职业规划设计大赛，体验不同职业的特点，

让学生明确每一种职业对国家、社会都是有意义的。要引导学生关注、致敬此次疫情中的每一个"逆行者",因为正是他们用自己的生命和汗水,守护着我们的平安;他们既平凡,又伟大。如此才能让孩子懂得责任担当,培养家国情怀,弘扬中国精神,感受中国力量。

没有一个冬天不会过去,没有一个春天不会到来。在抗击疫情中,教师充分利用各种教育契机,实施心理健康教育,开展有效班级管理,最终我们不仅战胜了疫情,且自身也获得了成长。

班主任的角色认识及责任探讨

韩晓雪

班主任作为班级管理的直接施行者和责任人,可以说承担着繁重的工作任务,也承受着巨大的工作压力。因此我们看到,大部分一线的班主任每天都被大量的教学工作、通知、个别生教育及各项检查困扰,在忙忙碌碌中往往陷入困惑、迷茫——我们在做什么?我们充当着怎样的角色?因为整天忙于上传下达、疲于应对,他们甚至没有时间静下来思考总结,该如何合理定位自身角色,利用合适的策略,把工作做在问题发生之前,使自身班主任工作有效顺畅。

实际上,作为班主任,忙碌、紧张是正常的,如果能摆正心态,端正认识,也能把平凡日子过得充实、快乐。这就要求班主任要对自身角色有正确的认知。那么,究竟该如何认识"班主任"这个身份?他们究竟承担着怎样的角色责任呢?

一、学生青春的引路人

埃里克森的人格发展理论认为:"人格发展贯穿个体终生,而青少年时期的个体需具备求学、做事、做人的基本能力,有明确的自我观念与自我寻求的方向。"这就要求班主任要特别重视良好班风学风的建设。初中生由于年龄所限,自主意识尚未成熟,因此班级风气的形成关键在于班主任的主动引导,班主任给学生以怎样的思想导引,学生便会向怎样的方向发展,而且小则影响其行为习惯,大则影响其人生观、价值观。

从初一年级开始,我就经常和学生们说:"青春是一本仓促的书!时光不可倒回。作为青少年的你们,应该简单地享受你们的青春时光。在你们成长的路上,有欢乐有忧伤,但都应伴随着简单的脚步,这样等到你们长大后回忆起来,才会感慨这个年龄的简单与快乐,才会追忆自己的青春年少。其实人生又何尝不是,简单才会快乐!"

所以在班集体中,学生们慢慢懂得了用简单淳朴的眼光看待事物。一个同学没来上学,会有其他同学帮其带回作业,因为他们认为这只是举手之劳;同学之间很

少争吵，因为他们知道别人并无恶意；也许有学生做了不对的事情，其他的人也只会认为，这只是他的一个小错误，他并不是有意为之。面对班集体的荣誉，他们更是懂得，自己是这个集体的一分子，没有人愿意做自己和别人回忆中的不和谐音符。

要求学生们如此，班主任也应一样，在处理事情的时候，少一些大声呵斥，多站在学生的角度，懂他们的心理需求，理解他们的行为，很多事也就能顺利地解决了。笔者曾经带过一届初三的学生，班里有一对男女生走得比较近，我也亲眼看见他们放学时一起走，而他们也主动地和我打了招呼。之后很长时间，我都没有去过问这件事。直到男生的家长打来电话，说了自己的担心，希望我出手相助。于是我先找来了男孩子，他诚恳地和我说他们只是简单的好朋友的关系，因为学习上可以互相帮助，成长路上有一个好伙伴，他觉得快乐和幸福。对此，我怎么可能还做出什么"棒打鸳鸯"的事呢？青春的路上少不了异性朋友的陪伴，也许正是这些异性朋友，让他们的人生更丰富多彩。中考后，这两个同学都考上了省示范性高中。可见，作为班主任，只要用简单的形式守护着孩子们，用真诚的心伴随他们走过青春路就可以了。

二、班级文化的建设者

学生作为教育的对象，首先是作为一个独立人存在的。他的心理状态、道德准则都会受到集体文化氛围的影响和制约。反过来，班级里每一个成员的心理状态、道德准则也会影响到班级的凝聚力和向心力。这种集体向心力体现在人与人之间感情的亲和力上，而班级的凝聚力则体现在班级人文精神和人文氛围上。为此在班级管理中，我主张建立一种具有中国传统文化元素的班级文化，即把班级看作一个家庭单位，追求一种家庭的和睦气氛。这种和睦气氛会使每个成员具有高度的集体荣誉感和自豪感，使每个成员都愿为集体的荣誉而努力。

那么如何让学生拥有较高的集体荣誉感和自豪感呢？第一，要赏识学生，这份赏识不是对个人，而是对全班同学。学校有各类活动，在活动中不管班级获得什么名次，我一定会在当天针对这份荣誉给全班以肯定。同时，从初一年级开始，班里获得的奖状一定要先过塑，然后整齐地贴在教室后墙，每一张都不会丢掉，所以到初三时，班级后墙已密密麻麻铺满了各类奖状。从初一的风纪教育，到初三的感恩模范班，以至于快毕业时，墙上已经没有空间来张贴新的奖状了，但就是这样整整一个墙面的荣誉，激励着学生们，使他们每每看到这些，就能想到三年来走过的点点滴滴，回忆起老师和同学给予的关心和帮助。

第二，共同理念也体现着一个集体的文化环境。很多班级总是会贴上名人名

言,但我觉得要将借鉴来的东西转化为集体自身的文化才是关键。所以接手一个新班之后,我总会安排一节班会课让学生发言,说说未来要做怎样的人。比如这一届学生通过讨论,统一的目标是"有礼貌,讲诚信,懂感恩,高素质",这十二个字后来一直伴随着学生们直至中考。有一届初三运动会时,班级征集到的宣传标语是"东风吹,战鼓擂,我们一班怕过谁",说实话班里孩子的体能一直很差,但正是这份集体的骄傲才让孩子们喊出了这样霸气的口号,也正是这样的口号激励了全班的孩子,在最后一次运动会上,我们居然夺得了年级总分第三,而这个口号也因此被铭记在了学生们心中。到了中考倒计时 100 天时,班里又挂出一条横幅——"东风吹,战鼓擂,决战中考谁怕谁",同样的语气,同样的决战时刻,因为这种坚定的心态、团结的氛围,成就了班级最后的胜利,也成就了每一个学生。

这一张张奖状、一句句口号、一条条标语,看似稀松平常,却在学生的心中重如山、沉如金。可见,正是班主任带领学生建设的班级文化,沉淀成了每个学生内心的标签和印记,引领着他们的精神方向,成为他们奋斗的目标和灯塔。

三、学生心理的导航师

青少年学生的不良态度与品德大多起因于自身不正确的价值观念,或是由于价值观念模糊、混乱造成的。在《价值与教学》一书中,纽约大学的拉斯提出,有必要引导学生利用自己的理性思维和情感体验来辨析和实现自己的价值观念,这就是心理学提倡的价值澄清理论。价值澄清理论采用诱导性的品德教育方式,反对呆板的说教和强硬的灌输式教育。

班里有一些家庭或心理存在问题的孩子,我尝试利用价值澄清理论法去走近他们。如学生小李,安静又有点木讷,学习能力较弱,特别是进入初中后,他的问题逐渐凸显。本来他的字写得非常漂亮,但在这方面他对自己要求近乎苛刻,哪怕有一点不好看他都一定要用力擦去,以至于练习册上被擦出一个个大洞,因为这个问题他的作业速度非常慢,每天的学习都在疲惫应对。他的妈妈因此带他去看过心理医生,也把情况告诉了我。虽然我自己不是专业的心理老师,但从关心孩子的角度,每天的自习课我都会把他叫到办公室,一边办公一边看着他写作业,他一写错字就想擦去,我便鼓励他直接划去再重写,或者告诉他那个字已经很漂亮了,同时也利用这段时间多与他交流,最后给他划去重写但仍然整齐的作业打上"优"。慢慢地他练习册上的破洞越来越少,最后这个近乎偏执的毛病居然改掉了,学习也逐渐走上正轨。中考时,用他父母的话来说就是"超常发挥",被一所示范性高中录取。而就是这个安静的不善言谈的孩子后来创造了奇迹,他在读初三时利用课余时间写了一部 30 万字的小说《行人》,暑假期间他自己联系出版社,最后南方出版社

没有改动一个字地给他出版了,这件事也引起了《羊城晚报》的关注和报道。这个孩子的成长让我更清楚地认识到,不要看轻任何一个孩子,他们都有自己的小宇宙,你现在以为他某些方面不行,其实只是他的小宇宙还没有爆发。因此作为班主任,要给予每个学生适当的心理引导和关注,以帮助他们走过青春的沼泽地,并找到属于他们自己的人生大道。

有一年中考的第二天上午考完数学后,我刚回到家就接到学生小范妈妈的电话,她非常着急地告诉我孩子在家哭得很厉害,还决定明天不考了。小范是班里性格最敏感的女孩之一,于是我也没细问,立刻赶往她家。原来,孩子是不记得自己的数学是否有填答题卡,觉得自己的30分就这么没了,一定考不上目标学校了。于是我从考与不考两个方面给她分析了可能的结果,理性的考虑就是一定要好好考完,已经走到了这一步没有不拼搏下去的道理。同时也宽慰她,我们练了这么多次模拟,我相信她不会忘填,就像明明锁了门却想不起自己是否锁过一样,只是短暂失忆而已。就这样与她边分析边聊天,我在她家整整呆了一个下午,最终说服她明天继续好好考试。出分数那天,她最早发给我短信,第一句话就是"老师,我那30分没有丢,谢谢您!"

可见,只要与学生充分交流,对学生充满耐心与细心,获得他们的信任与依赖,则不一定非要专业的心理辅导,我们也可以为学生心灵做导航。

四、家校合作的促进者

父母是孩子的第一任老师,家庭是孩子的第一所学校,因此家庭教育对孩子的成长至关重要。当前,学校教育虽与过去相比有了巨大的发展和进步,但家庭教育在孩子成长过程中仍然不可或缺。有些家长在把孩子交给学校后就以为万事大吉,实际上,家庭教育无论何时都是重要的教育基础。作为班主任,一定要让家长正视自己在教育中的重要地位,重视家校合作联系,合力教育好孩子。

首先,重视每一次家长会。家长会是家校联系最常见也是最有效的方式。每逢家长会,我总要强调一番家庭教育的重要性,家长参与教育的必要性:"我是孩子三年的班主任,您是孩子一辈子的家长。""一流的学校背后是一流的教师,一流的孩子背后是一流的家长。"除此之外,我还会和家长们分享教育心理学的一些学习经验:①要培养孩子健全人格和完善道德。对于孩子的发展,人格道德是第一位的。优秀的孩子追求卓越、独立自主、持之以恒、勤俭节约、良好习惯。②要创造轻松愉快的家庭环境。孩子的天真率性最为宝贵,家长要在陪伴孩子玩耍游戏的过程中让孩子自由成长。③要关注孩子特长,发展孩子潜能。现实中很多孩子的天分在启蒙教育中就已被扼杀。家长不应强迫孩子按父母意愿行事,而应多关注孩子的喜好，在行为和能力的关键期给予支持和鼓励。④要平等面对孩子。父母应是孩子的朋友，而不是至高无上的权威。很多决策选择，可以由孩子参与和决定，这是锻炼孩子能力和取得孩子信任的手段。⑤多鼓励少批评。每个孩子都是独特的存在，可能在某些方面不如父母之意，但父母要有擅于发现优点的眼睛，鼓励孩子的优点并让其以点带面，从而促进孩子的全面发展。⑥积极配合学校教育。学校是孩子文化课学习的重要场所，也是学习能力培养的关键地域。家长要多与孩子的班主任和任课教师联系，对于老师所反映的孩子的问题，要理性而合理地处理。

其次，重视每一次家长到校。班级里总会有孩子出现学习、心理、品德上的各种问题，我重视每一次家长到校的交流，并会在交流之前做充分的准备。如班里有个艺术特长生小陈，进入班级时成绩中等偏下，但一年时间不到，成绩落到班级倒数第一。我意识到这一问题的严重性，邀请其父母来校交流，没想到只有妈妈到校。经了解，小陈的父亲因工作原因，经常要去全国各地出差，在孩子读六年级的时候，其父开始了长达一年半在外地的工作。了解到这一情况后，我及时改变与家长交流话题的顺序，把成绩问题放到一边，先了解小陈在家里的各方面表现，然后告知他妈妈父亲在一个男孩成长路途上的重要性，以及父爱缺失所造成的孩子性格及心理上的发展障碍。同时，我推荐孩子妈妈与爸爸共同阅读《养育男孩》一书，及时纠正孩子没有父亲陪伴的现状。之后，我把事先准备好的小陈的5次考试成绩对比表拿出来，从学习这一角度切入，谈态度、谈习惯、谈方法，大到目标方向，小到每天作业如何限时训练，都与小陈妈妈一一进行了仔细交流。在与家长交流了解情况后，我才与小陈单独交谈。也许一次家长到校不能从根本上改变一个家庭的教育理念，但班主任仍然要主动充当家校合作的促进者，才能从根本上找出孩子问题背后的原因，能改则改，即使无法改变，也要让家长意识到问题的原因，并努力做出调整，以帮助孩子身心正常发展。

总的来说，班级管理工作事情繁琐，任务艰巨，班主任只有扮演好"青春引路人""文化建设者""心理导航师""家校合作促进者"等多重角色，才能打造一个优秀的班集体，带领孩子们走好自己的青春跋涉路。

参考文献：

[1] 路易斯·拉思斯著. 价值与教学[M]. 谭松贤译. 杭州：浙江教育出版社，2003.

[2] 孟祥治. 价值澄清理论在我国中小学德育中应用的研究[D]. 大连：辽宁师范大学，2009.

基于首因效应的班级管理例谈

马小飞

研究证明，人们在第一次见面的时候，会在短短的45秒内产生第一印象。一个新班级成立后，学生对班级也会有先入为主的"第一印象"。"第一印象"从本质上讲是一种优先效应，它所带来的效应在心理学上被称为"首因效应"。所谓首因效应，是指在人与人的交往中，第一次见面时留给他人的印象，往往会在对方的头脑中占据优势地位，并且会影响对方对你的看法，所持续的时间也比较长，甚至会影响你们以后的交往。因此，班主任留给初始班级管理中的"第一印象"尤为重要。

一、借助第一眼印象，建立归属感

归属感是个体依赖群体的一种心理表现，美国心理学家马斯洛认为，归属和爱的需要是人的重要心理需要，只有满足了这一需要，人们才有可能"自我实现"。如果学生个体在班集体中有了归属感，就会提升学习与活动的积极性，提升个体的责任感，营造良好的社交关系，增强班集体凝聚力。在一个班集体中，班主任是领导者，但学生才是主角，班主任可以利用这种以学生为主体的意识来融合学生的感情归属。

比如初一新生入校后，我会在黑板上写好欢迎词"欢迎初一（×）班的小主人"。"小主人"三个字看似简单，却意义深远。以"小主人"三个字给学生留下第一印象，是为了告诉学生这是我们自己的班集体，我们每一个人都是主人，以此从文字内涵上对学生植入归属感，让学生产生主人翁意识，并进而产生初步的感情归属，如此，班级的初始凝聚力就形成了。

二、借助第一次总目标，凝聚向心力

目标能调动班集体每个成员的主动性、创造性和积极性，把个人需求和集体愿

景结合起来。一个班集体是每个成员的集体,每个成员都对班集体有期待,有愿景。班主任可以借助这个心理特点来引导学生建立班级总目标。

比如,每个班主任都会为自己的班级拟定班级格言。班级格言是一个班级的行动指南,作为一种思想导引,它不应该成为一种摆设,而应该发挥其应有作用。比如"阳光做人,踏实做事"这个班级格言就不但明确了班级发展的大方向,也是班集体成员的行动准则。这个班级格言作为第一总目标植入学生心里,给学生留下的第一印象就会是"我们班做人是第一,成绩是第二"。这个第一印象所带来的"首因效应",能让学生意识到这样做人做事才是应有的态度,如此激励学生学会自我控制,增强责任意识。

三、借助第一次班级公约,激发内驱力

班级公约是一个班集体共同约定遵守的规则,其目的是为了实现班集体的目标和荣誉。班级公约如果由班主任拟定,学生会觉得这是班主任的权威,认可度不高。但如果班级公约由学生民主讨论建立,学生的主动性就会增加,对班集体的目标和荣誉感也会增强,从而能够激发学生的内部动力,助力学生后续的生活学习。在实际工作中,我会先引导班干部明确班级目标,让他们去策划民主讨论的过程和细则,发动同学拟定自己愿意遵守的班集体规则。这样从班主任到班干部,再从班干部到其他学生,最后从其他学生回到班集体,这三个阶段能充分发挥学生的主观能动性,很好地激发他们的内部动机,从而助推他们朝着班级总目标迈进。

四、借助第一次集体活动,增强荣誉感

所谓"只有第一,没有第二",人们往往容易记住第一,是因为对最初接受的讯息印象深刻。比如人们会记住第一个登上月球的人,却很难记住第二个登上月球的人。同理,第一次的班集体活动,也会在学生心里留下深刻印象,因此是增强班集体凝聚力和荣誉感的大好时机,班主任如能利用好这个契机,对打造一支团结向上的班集体将极有帮助。比如,我校初一新生进校后都会举行风纪教育,进行队列训练,最后通过会操表演评选出优胜班级。为此班主任可以充分利用这个机会激发学生斗志,确立具体目标,充分调动学生内在发展动力,去争取最大荣誉。

应该说,班级管理中的"第一印象"很多,对这些"第一印象"班主任要有一定的预见性,并好好加以运用,以帮助建立班级愿景,形成良好班风,助力学生成长。

优化教室环境　提升班级文化

孙海艳

班级文化，是在班级管理中由班级成员共同创建而形成的班级行为方式、价值观念和道德规范的总和。班级文化包含物质文化、制度文化和精神文化三个层面。班级物质文化是班级文化的物质载体，主要指教室环境布置。班级制度文化是指班级的规章制度和班级公约等，对班级成员具有规范和约束作用。班级精神文化是指班级师生呈现出的共同的精神风貌，是班级文化的核心。班级物质文化是班级文化中最表层的文化，是制度文化与精神文化的外显与折射，在班级文化建设中具有不可替代的作用。因此，教室环境布置自然就成了班级文化建设的基础。

教育家苏霍姆林斯基说："用环境，用学生自己创造的周围环境，用丰富集体精神生活的一切东西进行教育，这是教育过程中最微妙的领域之一。"教室是学生学习的主阵地，是育人的主要场所。教室环境布置是班风、班貌的体现。整洁、高雅、生动、美观的环境布置，不仅可以创造愉悦的学习环境，营造良好的学习氛围，也可以树立良好的班级形象，彰显班级特色，还可以发挥隐形的教育功能，有助于学生的全面发展与个性张扬，有助于增强班级凝聚力，提升班级软文化，对班级发展至关重要。

一、教室环境布置中存在的问题

在班级管理中，教室环境布置是其中的一项重要任务。每个班级为彰显班级文化都会对教室环境进行一番布置，但在此过程中也会存在一些问题，从而影响了班级文化的提升。

1. 班主任不够重视，方法单一

班主任们大都重视教室环境布置，但多仅限于卫生整洁、桌椅、工具、讲台、书籍摆放，或是板报设计、名言警句张贴等，布置的过程也多是应付了事。这种僵化而刻板的做法，其实是班主任不够重视班级文化建设的表现。尤其是班主任对教室环境布置没有整体规划,或是对班级文化建设的理解较为肤浅,导致工作创新性不够。学生没有自由发挥的天地,更谈不上调动学生的积极性和主动性,渗透在布置过程中的隐性教育功能和对增强班级凝聚力的作用也无法真正发挥出来。

2. 形式单调,内容陈旧,更新不及时

为培养良好班风学风、增强班级凝聚力,每个班级都会进行教室环境布置。但从日常观察看,教室环境布置除了图书角、学习园地、通知栏等传统形式外,大多没有什么创新,形式单调。张贴的名言警句虽然经典,但过于枯燥,难以发挥更好的教育作用;黑板报虽有主题,却只是随意摘抄加上简单配图,布局杂乱,设计缺乏美感;未能充分发挥健康向上的班级文化功能。

另外,教室环境布置多是在学期初进行,布置后就少有更新,时间一长,学生就会视而不见。如此,重要的教育资源成了流于形式的花架子,教育效果自然难达预期。

3. 学生参与度不高

在教室环境布置过程中,学生本应是主要的参与者,但在实践中多数变成了班级宣传小组的事情。加上板报内容与形式未能引起学生共鸣,久而久之,参与布置的学生就无法从同学们的认可中获得成就感,参与热情也会逐渐减退,甚至会把这项原本热心参与的工作看成一种负担,而不是展示自我的平台。

二、优化教室环境布置的策略

班级文化建设由教师和学生共同参与,形成合力,才能体现为一种共同管理的理念。因此,在教室环境布置过程中,应充分调动各方面的力量,发挥各种因素的积极作用,优化教室环境,提升班级文化。

1. 重视班级文化建设,发挥班主任的引领作用

班级文化氛围的营造体现了班级的管理理念和风格特点,因此,作为班主任,应该重视班级文化建设,通过布置教室环境,充分发挥其育人功能。作为班级文化的引领者,在教室布置前,班主任首先应依据班级文化建设的目标,树立以学生为中心的理念,对教室布置进行整体规划。在布置过程中,班主任要重视但不能包办,交给学生但不能做"甩手掌柜"。可先提出总体要求,如合理安排,内容丰富,主题突出,健康向上,生动活泼,布局和谐,给人美感;然后由班干部牵头,集思广益,群策群力,分工协作,组织学生动手完成。在学生布置时,班主任要甘当学生的助手,退到幕后,如提供工具和技术支持,关注进展,必要时凭借自身文化素养的优势提出建议,并进行一定的指导;或是关注布置过程中学生的表现,是否能

积极参与、提出合理化建议、团结协作、有何特长，等等。布置完成后，班主任再与学生一起欣赏教室布置的成果，让参与者从同学们对自己劳动的认可中获得成就感，并激励他们在今后的班级活动中继续积极参与，为班级建设出力。学生在参与协作中增进了解，关系更加融洽，班级凝聚力也得到增强。班主任则不仅从繁杂的事务中解放出来，也使班级管理的水平得到提升。

2. 充分信任学生，发挥学生的主动性和创造性

学生是班级文化的主体，也是班级文化的创造者和受益者，因此班级文化的布置应充分发挥学生的主动性和创造性，充分体现学生的主体地位，体现以人为本的教育理念。班主任要充分相信学生，给学生更多自主发挥的空间，让学生真正成为班级的建设者，并在实践中收获经验和教训，不断成长，如此班级建设才会更具活力。比如，传统的黑板报多是用彩色粉笔绘制，而现在很多学生学习了各种不同的绘画种类和技巧，有同学就提出用颜料，不仅色彩更艳丽，而且更易保存。这当然是一个好主意，于是意见被采纳，这会让学生感到自我被尊重、被信任，在接下来的活动中自然会尽力展示自己，创作出更优秀的作品，为班级争得荣誉。学生的创造力一旦被激发，他们将会表现得更精彩，并在其他方面如学习中也表现出其积极的一面，这对于良好班风学风的养成十分重要。正如杜威所说："个人参与某种共同活动到什么程度，社会环境就有多少真正的教育效果。"可见，积极参与班级活动的过程，有利于培养学生的主人翁意识，促进学生全面发展，这也是班级文化建设的内涵所在。

3. 丰富布置的内容和形式，全面展示学生个性

班级文化建设的最终目标是促进学生的全面发展，因此教室环境布置应全面反映学生的学习生活与丰富多彩的活动，反映他们的理想与追求，而不仅仅是学习成绩。班级风采展示栏中，可以是同学们的精彩瞬间，如班级值日时的认真、热烈讨论时的激情、实验探究中的专注、互帮互助中的友爱、绿茵场上的激烈角逐，也可以是书画、写作等个人特长的展示，抑或是他们的热点话题、读书分享……这些内容真实全面地反映了学生丰富多彩的校园生活，生动活泼地展示了他们对学习、生活的热爱。这样，教室环境布置就会成为学生才艺展示的舞台和班级生活的写照，更有利于增强学生对班级的认同感和归属感。

在教室环境布置过程中，一方面，丰富的内容需要多样的形式来呈现；另一方面，不同学生的个性特点也需要不同形式的平台来展示，这就要求布置形式多样化。除传统的信息通知栏、光荣榜、图书角、学习园地、黑板报、标语等之外，还可以在教室的适当位置布置心愿树，开辟时事热点、班级公约、书画、摄影、剪纸

等艺术作品展或专栏，或是摆放绿色植物，表达班集体的精神情趣。此外，还可以在教室门外适当位置张贴班级格言、展示班徽，以体现和宣传班级文化。总之，不论怎样的表现形式，都是为了既能展示个性，又能美化环境，创造良好的文化氛围。

4. 合理布局，及时更新，提高学生审美力和创造力

教室环境布置内容过于丰富，形式过于花哨，容易给人眼花缭乱之感，不仅破坏教室环境，也使得学生无法真正沉静下来，有违布置的初衷。因此，环境布置应有主题，围绕主题进行整体规划，合理布局，并适当"留白"。审美环境的独特布置显示着整个教室环境美的格调。精心布置每一面墙、每一处角落，如一个折纸，或一株绿植，不仅是一种视觉审美表达，带给学生身心愉悦之感，在潜移默化中培养学生发现美、体验美和创造美的能力，也有益于班级文化的提升。

教室环境布置完成之初，学生会兴奋地围在布置内容前，三三两两，边欣赏边讨论。但是，教室环境布置如果长时间不更新，也容易产生审美疲劳，因此，必须及时更新布置内容。比如，在一些重大节日或班级重大活动时，应对部分版面进行更新，增添相应专栏。如开学之初可以布置假期旅行的手抄报，"三八"节时增加"幸福一道菜"作品展，家长会时表彰优秀和进步的同学，运动会时设立班级风采专栏，平时也可以有成长励志的"心灵鸡汤"，或时事速递，或在学习园地开设"每周一题"解题竞赛专栏，使学生在竞相完成题目的探究中形成竞争、互助、共同进步的良好班风。

当然，更新也忌过于频繁，也不宜同时更新太多内容。不同的形式可以定期轮流更新，适当的变动更易于引起学生的关注。在不断更新的布置中，让学生能及时了解班级动态，也让更多的学生有展示自己才能的机会，并在与其他同学的互动中学会欣赏，从中汲取智慧和力量。

总之，"教育无小事，事事都育人"。教室环境布置这一看似简单的活动也蕴涵着丰富的教育资源。参与布置和被展示的同学会发自内心地为自己感到骄傲，从中获得自信，并鼓励自己做得更好，对其他同学也会有引导和启示作用，由此在班级中树立正确导向，促进大家相互学习，共同提高。通过教室环境布置，既丰富了学习生活，美化了教室环境，也融洽了同学关系，增强了班级凝聚力。学生在班级文化的建设中呈现出别样的风采，也有助于班级特色文化的形成。同时，教室环境布置也是师生互动的平台，在互动中教学相长，师生关系更加融洽。因此，优化教室环境不仅要重视静态的布置结果，更应注重动态的布置过程，使学生在此过程中潜移默化地受到教育和熏陶，班级文化也会因之逐渐提升。

班级文化建设的意义与策略

陈 亮

立德树人是中小学教育的根本任务,作为学校最基本的构成单位——班级及其"领航员"即班主任,该如何落实这一任务?笔者以为这离不开高质量的班级文化建设。班主任建设良好的班级文化,不但能为学生个体的健康成长与发展提供肥沃土壤,也能为整个班级的共同进步营造环境基础。

一、班级文化建设的意义

班级是学校德育和教学活动最基本的单元,班级建设与发展的水平直接决定了学生将处于一个怎样的学习和生活环境并将发展成为一个怎样的人。而班级建设的主要内容就是文化建设,良好的班级文化建设能推动班级健康发展,为每个学生营造温馨正面的学习和成长环境,因此在班级管理中文化建设至关重要。班级文化建设有诸多重要意义。

1. 班级文化建设能呼应新课改理念

我国基础教育课程改革发展至今,尤其在中学各科的新课标中,都不约而同地提出要培养具有个性化、创新思维并且能持续发展的人。这就要求班级的建设与发展要能与之相匹配,而对于已经完成义务教育即将成年和进入高校深造的高中生,良好的班级文化建设所营造的肥沃土壤,能为他们的进一步成长提供强大的助力。

2. 班级文化建设能兼顾个性发展

班级文化建设最直接的目的是营造积极向上的学习和生活环境,使得每一个学生都能在班集体中轻松愉快地健康发展。在班级文化建设的过程和班级文化理念的生成中,通过学生个体的参与,班级文化将融入学生个性化的表达,使得班级的建设与发展呼应学生个体的需求,学生在此过程中各方面能力也都得到了锻炼,促进了自身的全面发展。

3. 班级文化建设能推动文化育人

班级管理工作有三个层次。处于最低层的就是所谓的"人治",即班级管理依靠班主任自身的努力和勤奋,班主任时刻蹲守在班里,一旦有什么风吹草动,即出手"惩治",如此导致学生心理紧张,班主任也感到身心俱疲。处于中间层的是"法治",即出台各类班级规章,尽可能实行量化管理。这一办法在低年级时效果明显,但对于高年段的学生而言,效果也不尽如人意,因为部分高年级学生并不在乎操行分数。尤其当班规只体现班主任或班干部的意志时,很多学生对班规并不认同,这就影响了它的效用。文化育人是班级管理的最高层次。其含义十分丰富,每个人对它的理解也各不相同。党的十八大报告指出:"文化是民族的血脉,是人民的精神家园。"这一阐述对文化育人的意义解读得十分深刻和透彻。笔者认为,学校文化育人是指在文化传承和创新的过程中引导学生进行正确的文化选择,使社会文化转化为个体文化从而实现个体的自我实现与自我超越。与此同时,我国正处于价值观冲突较为剧烈的社会转型期,面对西方外来文化,我们必须大力弘扬优秀传统中华文化,确立社会主义核心价值体系,汇聚民族精神和不断增强民族文化的认同。这也是落实好立德树人这一中小学教育根本任务的内在要求。在这一过程中正确开展班级文化建设,文化育人将发挥不可替代的作用,它要求班主任能正确解读班级文化并开展相应活动。

二、班级文化建设的策略

学者们普遍认为,班级文化建设的主要路径是班主任在成熟的班级文化理论的指导下,以班级学生为主体,有目的、有计划地推进班级的精神文化、物质文化和制度文化的全面建设。基于自身经验,笔者认为高中班级文化建设可定义为:以班级学生为主体、班主任为主导,以班级的发展理念、精神属性、制度等为主要内容所进行的有计划、有层次的班级建设活动。

1. 开展班级文化建设的主要内容和载体

在日常管理工作中,班主任可通过主题班会等将班级文化内化到学生心灵深处。例如班主任可以充分利用学校的电子班牌,以班名、班徽、班级宣言、班级目标为载体,使其承载班级文化的内涵;让学生亲自动手制作有关班级的各类展示,由此获得对班级文化的感性认识;通过每年的校运会风采展活动,借助班服的设计等渠道展现班级个性,同时让这些展示的过程成为不断提升班级凝聚力的载体等。在班级内部,班主任也可以开展分组竞赛,将学生分为不同的小组,每组学生在组内充分交流后,构思组名、设计组徽、撰写小组宣言及设立小组目标等,在主题班

会中展示出来，最后评选出一、二、三等奖。这样才能让学生亲自参与班级文化建设，深刻体会班级文化的内涵。

2. 基于班级文化建设组成部分的"分步走"实施策略

班级文化由班级物质文化、精神文化及制度文化三方面构成，三个方面相辅相成，缺一不可，所以有效的班级文化建设应是在顶层设计的前提下有计划地层层推进。

班主任应重视班级文化理论知识的学习并做好积累，充分的理论知识储备能更好地对后续的实践活动做出正确指引。在正确的理论知识的指导下有计划、按程序地将班级文化建设划分为以下三个层次：

第一个层次是班级文化建设的总体设计——打造外显性强的主题课室（物质文化），主要包括课室的整体规划、墙面标语、班牌内容设计等，使班级文化有一个好的物质载体；

第二个层次是以上一个层次为基础，打造具有较强"理性客观"视角的班级，潜移默化地让精神文化与制度文化内化，培育班级的文化气质；

第三个层次是激发班级活力与青春气息，通过学校的各项集体活动来彰显学生个性及具有正能量的言行举止。

以上三方面是开展班级文化建设的三个维度，它们密不可分、相互关联。在实际操作中，可以在每个学期以其中一项为重点内容，同时在班级文化整体建设的过程中三者也需要相互穿插。

综上可见，班级文化建设对一个班级的健康成长至关重要，作为班级"舵手"的班主任除了要加强班级文化理论知识的学习，以更好地指导学生积极参与班级文化建设，也要深刻认识到班级文化建设实践的关键是学生。他们不但是班级精神和气质的体现者，也是班级文化建设工作成功与否的评判者。因此，班主任要相信、尊重并"读懂"每一位学生，善于发现他们的闪光点并激发其潜能，让他们信心满满地走向美好的人生。

一个班主任的春夏秋冬

景 漾

不知不觉，这已是我来到铁一中学的第四个年头了。在岁月的打磨下，我已从一个稚嫩的毕业生成长为一个能快速处理各项学生事务的班主任，这一路有疲惫、有焦虑、有紧张，但更多的是满满的感动、收获和幸福。当年，雷锋同志曾有一个有关四季的比喻，我想，作为老师，也应该有自己独具一格的"春夏秋冬"。

一、像春天一般温暖

刚当老师那会，难免对自己和学生关系的定位感到困惑，经常拿捏不准"度"。记得工作第一年带的高一年级班里有一位A同学，性格外向，下课后经常跑来办公室和我大聊特聊，从兴趣爱好聊到娱乐八卦，从个人隐私聊到家庭情况，就是很少讨论学习。而我因为刚做老师，特别珍惜学生的"喜欢"，所以在无意识中接受甚至热情回应了她的这些行为。直到有学生私下告诉我，说A在宿舍说您也不喜欢B同学，我才意识到A用曲解我的话来攻击她自己不喜欢的B同学。这让我意识到，也许当下我讨好了某一位同学，却同时伤害了其他一些同学，哪怕这种伤害并非出自我本意。于是我教育了A同学，并在她之后跟我分享想法时注意进行正确的引导，而不再是一味附和。同时，我找来B同学谈话，解释了这场误会的来龙去脉。这样在不断的"试错"中，我逐渐领会，对待学生一定要注意方向引导和原则把控，既不需热情似火，也不能冷酷无情，而要给其温暖的呵护。

有了几年的教育教学经历后，我和学生有了新的相处方式。高三的首要任务是学习，因此我会从学生的成绩出发，为他们排忧解难。我从被动地倾听和附和，转变为主动地引导和建议。在临近高考最后的30天里，每隔3天我就会和一名临界生制订未来三天的复习计划，包括薄弱学科的补差和优势学科的"保温"，三天后学生需亲自到我这里打卡。这样做虽然麻烦，但有几点好处：首先能比较科学地指导临界生的后期复习；其次能详细了解临界生的复习情况；再次每三天一指导，能及时了解临界生的心理状态，及时进行调适和教育。这样学生会觉得有人在时不时

地关注和支持着自己，因此而更加努力，效果甚佳。

总之，每个孩子都是家长的宝贝，每个孩子也都有他们的可爱之处。也许有的孩子成绩不好，但这并不意味着他没有可取之处。作为教师，我们需要做的不是无底线的纵容和无原则的表扬，而是从他们不同阶段的实际需要出发，给予他们春天般的温暖。

二、像夏天一样火热

刚参加工作时，我们都充满了动力与期待，希望孩子们能听进我们的每一句话、做好我们安排的每一件事。然而事情往往不遂人愿，也不符合学生身心发展规律，因此，在面对理想与现实之间的巨大差距时，我们那颗太阳般火热的心时不时地会"凉了半截"，陷入自我怀疑与自我否定之中。

我曾经因为班上有个别孩子考试作弊而一整周茶饭不思，无数次地质问自己：我到底哪里得罪这群孩子了？他们不记得儿童节时我为他们私人订制的明信片了吗？不记得我元宵节时给他们买的糯米糍了吗？不记得篮球赛时我在场边的呐喊加油了吗？不记得我无数次地提醒着他们诚信为先、做人第一的根本原则了吗？他们为什么不愿意听我的话？我简直太失败了！

与其这样痛苦着，我不如换个角度想问题：学生作弊当然不可容忍，但孩子真的就没救了吗？一盆冷水浇下来的时候，我忘了课堂上他们的积极配合了吗？我忘了我声音嘶哑时办公桌上出现的润喉糖了吗？我忘了我生日时他们齐声大唱的生日歌了吗？我不也曾经优秀过吗？

在冥思苦想之后，我发现自己其实是犯了一个根本性的错误：我找的所有问题，都是从自己出发，而并没有把学生放在问题的焦点和中心来思考。后来我冷静下来和学生谈心，才知原来是他妈妈生病了，他想考个好成绩来让妈妈开心。虽然方式错误，但孩子的出发点是好的，于是我先严肃批评了他，而后给予了一番语重心长的引导教育。后来，这位孩子再也没有犯过类似错误，最终考上了理想的大学。

可见，作为教师，我们要时刻认识到，我们的工作内容是"创造"，更是"修补"，所以当学生的行为和我们的教育预期有冲突时，我们一定要静下心来从学生的角度思考原因，而不是一味否定自己的教育方式和学生的能力水平。如果所有的事情说一遍就能解决，那么教师的工作又何来神圣之说？同时，我们对学生的态度也应有所转变，犯错的学生也是学生，而不是我们的敌人，他们犯错的大部分原因往往不是针对哪个老师，而是内心有了一扇封闭的门。这时，需要我们以火热的态度去融化他们内心的坚冰。

三、像秋风一样利落

众所周知,成绩是检验学生阶段性学习成果最直观的标准。成绩的好坏直接影响学生的学习状态,在高三阶段尤为如此。因此,我认为高三年级对成绩的分析和总结切忌"拖拉",要力求像秋风扫落叶一样,快速度、大面积、干净彻底。

为此,高三每次考试结束后,我都争取第一时间改出成绩并予以分析,然后单独点评,最后给出建议。这样做有几个好处:首先,成绩出来那一刻对孩子的冲击力是最大的,成绩好的同学期待着老师的表扬,成绩不理想的同学则会情绪低落、茫然无措,这时老师的安抚或指导就非常重要了。2019届的学生刚上高三时,有几个女生成绩一直不稳定,每次考完都会来办公室痛哭一场,那时我便会趁热打铁,指出她们在学习中的不足。她们意识到自己的问题,知道哭解决不了问题,便会静下心来思考改进的方法,接下来的思想工作就好做了。毕业后她们回母校看望时,都不约而同地提到了那些谈话对她们的影响。其次,点评时也是学生比较脆弱的时候,这时他们的心理防线最容易突破。班主任可以利用这个时间对学生近期的学习状况作一番了解,发现存在的问题或隐患并及时处理,才能收到事半功倍之效。

总之,在处理成绩问题时我们切忌心软,不能孩子一哭我们就开始安慰,更不能让他们产生"是题目的错、不是我的错"的错觉。要严肃客观地和他们谈问题、谈方法,像"秋风"一样干净利落地把可能的隐患消除于无形之中。

四、像严冬一样"无情"

有一次,我们班竟然查出有12名学生偷偷带了手机回学校。这让我反思了好长一段时间。

由于高一下学期进行了重新分班,作为理科普通班,我们班突然来了各路"大神",他们中有油嘴滑舌的"社会哥",有从不学习的体育生,有一点就炸的"暴躁姐",也有沉迷游戏的网瘾少年。

事情的起因是其他班学生告诉我,我们班有三个男生未经同意骑着单车偷跑出去买吃的了。这让我非常生气,于是把这三名同学叫出来狠批了一顿。其中有一个是我们班的手机管理员,他从高一上学期起就一直在这个班,我对他比较了解。我把偷出校门的危害以及他所面临的惩罚严肃地告诉了他,让他意识到事态的严重性。联想到之前有校领导提到过我们班有几个学生上课状态不太对,凭经验估计是晚上偷玩手机休息不够导致,所以我就顺嘴问了问这个手机管理员。该生由于违反了校规担心遭到惩罚而情绪脆弱,因此在我比较严厉的态度下一下子都"招了"。

  让他回教室学习后，我正思考该怎么让这些孩子交出手机的时候，班长从手机管理员处得知我在盘查手机的事，心虚说不舒服想请假回家。这时我感到机会来了，于是故意说要帮他去保密室拿回手机，并让他也一起去，结果不用说，他坦白说自己没上交手机。我严肃地批评他作为班长却没有以身作则，明知故犯，违反校规，性质恶劣。他在慌乱中说并不是只有他一人偷带手机，还有同学就给他的朋友圈点过赞。我顺藤摸瓜，在他的朋友圈中找出来带手机的几个同学，在我的说服下，班长又给了我一份更详细的带手机同学名单。

  这件事的后续是我没收了他们的手机，并跟他们每个人谈话，最后订下以学习为主的协定，暂时没有告诉他们的家长。两年后问学生记不记得这回事，他们都表示印象深刻，都觉得当时班主任"足智多谋"，搞得他们后来再也不敢"铤而走险"。

  现在想来，我当时对他们的"冷酷无情"，恰恰是最深的"关怀之情"。正是因为对原则性问题的严肃处理，才更加强化了学生的规则意识，而这才是对遵守规则的同学最大的公平与保护。"梅花香自苦寒来"，只有经历了最严酷的"寒冬"，才能迎来真正的"春暖花开"。

  班主任的工作四季分明，每个季节的各司其职构成了班主任生活的苦辣酸甜，也正是这样的春夏秋冬给我带来了源源不断的想法和思路——尽管春夏秋冬不断流转，但正是孩子们的陪伴让我们时刻不忘初衷，永葆青春。

学生学习的自我监测与管理的有效策略

傅海艳

学生学习的自我监测是指学生在学习过程中，有自我察觉的意识，能自主地自我监测自己的学习效率、明确自己的学习状态、把控自己时间使用的效率。学生学习的自我管理是指学生在学习过程中，能自我管理自己的学习，做到预习、学习、复习、巩固都心中有数，能自我调整学习方法和状态来提高改善学习的效果；同时明确自己每一个学习时间段内的优点与不足，能主动对自我改进提出目标与方法，能对自己的学习做出合理的评估与评判，达到内在自省与自主管理。这种通过学习上的自我监测与管理的训练，来达到学习上的自主管理，从而提高整体行事效率的能力培养，是培养学生自主管理的由浅入深、由单一到复杂的行之有效的策略。这是笔者作为班主任在管理学生学习、推动学生自我管理学习的教学管理实践中，不断总结和提炼出来的有效方法。

当前，很大一部分学生都是在老师带领下被动地接受知识，而不是主动地探究学习。大部分同学能明白学科知识的重要性，但能意识到学习策略重要性的同学则不多，而能善于运用学习策略来提高学习的同学更是少之又少。从科任教师的角度来看，老师们在授课中很注重学科知识、学科方法的教授，但综合的各科的学习管理与策略则鲜有涉及。而从班主任的角度看，平时的教学和德育管理双重任务，已经让他们疲于奔命，更难腾出时间和精力去系统研究学生的综合学习。但这项能力大部分学生不能自我形成，因此班主任的引导就尤为重要。为此，笔者在教学及管理的实践中，尝试探索培养学生自我管理学习的能力，并提炼出三条切实有效的策略。

一、"自查本"——日日自查

子曰，"吾日三省吾身"，学会自省是自我监测的有效做法。"自查本"的设计能帮助学生进行每天及每节课后的自查自省，如下图所示。

此设计包含一个学期的所有周，每周的内容是相同的，每周含周一到周五的各

```
第_____周  周一(    ):
7:05/7:00 到校□
到校后及时交作业□    及时值日□    无磨蹭吵闹□    按点早读□    早读效率(  )

第2节语文_____:
    课前准备□  课堂效率(  )  课后笔记回顾□  晚间笔记回顾□  作业效率(  )
    字音/字形/词语积累□
第3节英语_____:
    课前准备□  课堂效率(  )  课后笔记回顾□  笔记整理□  晚间笔记回顾□
    作业效率(  )  今日记背积累□
第5节数学_____:
    课前准备□  课堂效率(  )  课后重点回顾□  课后/晚间错题重做、订正□
第7节历史_____:
    课前准备□  课前预习□  课堂效率(  )  作业效率(  )  订正□
    课后/晚间重点梳理□

大课间有效使用10分钟以上□    午间高效使用25分钟以上□    晚间学习效率(  )
全天学习自我满意度☆☆☆☆☆    心情指数☆☆☆☆☆    同伴评价☆☆☆☆☆
```

自查本

个时间段和课时段,由于每学期的课表是固定的,因此每周的课是可以固定下来的,可以把这份设计打印出来发给学生,人手一本。学生要做的是每节课后及时做相应的反思,在方框内打勾(做了)或打叉(没做);在括号内给自己评分,分值在1~10分之间;在横线上填写课程内容关键词;在五角星里涂色。这样每节课后、每天对自己进行及时的、真实的自我监测,如实地反馈在自己的"自查本"里,在老师的引导、督促下,让学生将此自查变成习惯。

对学生来说,这是一种全新的学习策略,而且这个不是学生习惯上在乎的"各科作业",也不能直接解决他们的作业问题,还占用了他们宝贵的时间,因此一开始比较难引起学生的注意,学生不会重视,这时作为班主任就要高度重视,不急于一时让学生学会,而可加大力度耐心引导、督促、反馈,让学生反观自己的状态、切实看到自己的问题、在改善之后能体会到自己的进步。这个过程是慢的,对待这个过程的态度也不能急,让学生感受到自己的监测和方法调整所带来的改善,让自己每天的效率可视化,通过"自查本"的记录,让自己的改善有迹可循,这才是学生最大的动力和最扎实的学习策略。

二、"知识账本"——牢牢巩固自己所学的知识

"知识账本"是学生当天对各科所学,先复习,再合上课本或关掉学习视频,把这节课的知识点在脑子里回顾出来并写在本子上,内容的书写形式是不固定的,按照自己的逻辑、理解形式来做即可,可以很简约,越是能体现对知识的概括和体现知识点之间的逻辑关系,就越是好的记账。以下截图来自学生的"知识账本":

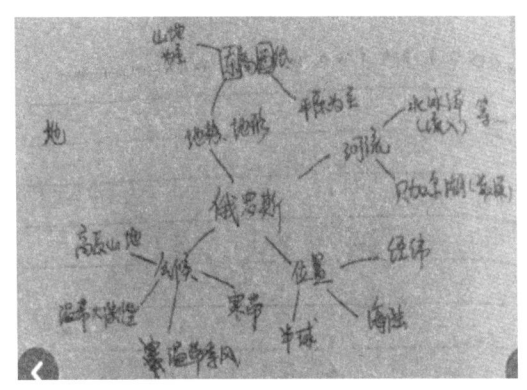

地理记账　　　　　　　　　　　语文记账

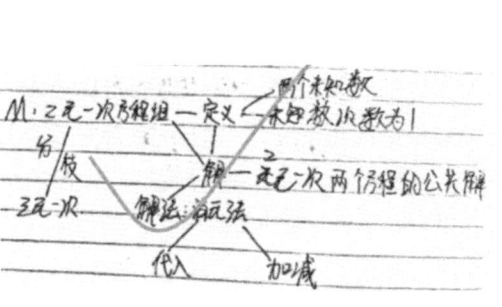 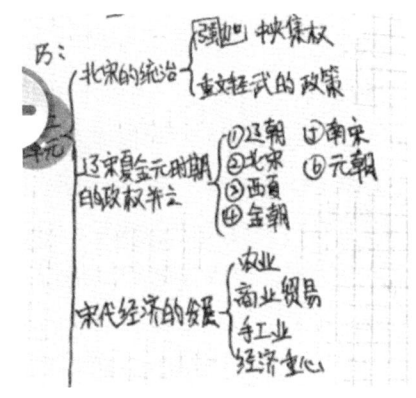

数学记账　　　　　　　　　　　历史记账

要做好这个"记账本",班主任可先从解释要怎么做到一步一步规范引导,及时检查并反馈学生的账本,把优秀的账本给大家共享、参考借鉴。在这个过程中,还可以发动家长来介入,比如让学生对照账本简略口述当天各科所学的知识。学生要是能以很好的方式来记"知识账本",这个过程本身就是对知识的复习巩固、消化吸收,同时这个过程也是一次思维的训练。思维是学科学习最宝贵的基石,也是当下教育教学需要重点培养的学生核心素养。

与常规的学习活动相比,"记账本"可以让学生把自己所学到的知识在大脑里用自己的思考来进行加工处理,同时也可以牢牢地巩固新知识,让大脑中的新旧知识产生链接。同一节课,每个学生的记账形式都不一样,但重点都是将自己的所学经过理解、加工处理后再输出。记账没有对错,都是各自理解后的输出,这种运用思维的综合学习策略在学生的常规学习中是很少见的,也是非常有价值的。这个过程中培养出来的治学态度、学习方法,也是直指学生自主管理学习这一能力的培养,是在解决学习方法的根本问题,也是培养自主管理的重要途径。

三、"计划本"——让学生掌控自己的学习

成年人在工作、生活中经常会用到手写计划、备忘录、手账等工具,现在随着各种App功能的专业化,很多人也会选择App来实现以上目的,这是成人自觉自律、自我觉察、自我管理的体现。然而,在学生中这种做法并不常见,一是学生并不先天具有这种自主能力,二是班主任引导有欠缺。初中生每天要进行6~8科不等的学习,而且是高度精确化,每天要做各科的预习、上课、复习、作业,以及其他事情,同时学生本身的做事方法不完善、态度有待培养、毅力有待养成。作为教师,平时给学生的方法指导、优点的表扬、缺点的提出肯定不少,但道理讲得再多,也不如学生自己总结出的方法好用。所以学生除了需有各科作业本,还应该有一个"计划本"。

"计划本"里所记的内容不要求一致,只要能服务自己的、提醒自己要做的任务、让自己每天在前一天的基础上扬长避短,那就是好计划。计划大体上可以包含:①预定任务清单。头一天定好第二天要做的具体任务、要达到的目标要求、要改善的细节。②当天日志。当天对前一天做一个简单的总结(任务是否完成,目标要求是否达到,要改善的细节是否有进步),在做到的每一项后面打勾,没有做到的打叉,并把没做到的移到下一天的任务里。

计划备忘、反思总结的习惯更是学生所欠缺的、容易反复甚至中途放弃的,但是这种态度习惯和思维方式,又是他们改善效果、提高今后行事能力的必然要求。任何一个习惯的养成都不是一朝一夕的事,这种严谨、持续的习惯态度的培养更要耐心引导,给予学生宽裕的时间,把目标事件做好。对于学生,这种计划备忘的习惯不能靠老师的讲解传授而得来,只能靠学生亲自去实践:梳理自己的学习、制订自己的任务、明确自己的优缺点及改善方向,让学生在长期的实践过程中,摸索门道、获得进步的体验,最终达到自觉的学习上的自我管理,然后自然地延伸到今后的工作、生活中的有序自我管理。

如果说学生接收来自老师的知识是被动的学习过程,那么主动的思维、自主的

管控在整个学习过程中一定是非常关键的学习策略，是决定学生在学习上能走多远、在做事上能有多优的关键因素。"自查本""知识账本"以及"计划本"的实践，正是培养学生自我监测、自主管理学习的具体措施，都是高度自主的、策略层面的调控能力的养成途径。在追求效率的时代、在学生被快节奏不由自主带着走的现实中，学生应该被引导掌握自我监测、自主管理等核心学习能力。这要求学生慢下来去经历、实践、试错、总结，同时要求班主任担负起管控、监察和引导的责任。

高中班级长效管理机制的建立浅议

任诗雨

高中生由于掌握的知识越来越多，思想越来越成人化，管理难度也越来越大，因此高中班主任都希望能建立一种长效管理机制，这样不但省时省力，使班主任可以腾出时间和精力专注于教学，而且舍弃"保姆式"的管理后，还能培养学生独立自主的能力。

那么，如何建立高中班级的长效管理机制呢？法国古典管理理论代表人之一亨利·法约尔指出："管理就是预测和计划、组织、指挥、协调以及控制。"魏书生老师也曾说："科学化的管理方法就是建立三个系统：计划系统、监督检查系统和总结反馈系统。"二者的思想其实是一致的。完善的班级管理制度其实不外乎三大内容：计划和预测系统、检查监督系统、反馈系统。据此，我们可以按如下策略来建立班级长效管理机制。

一、明确的管理制度

班级管理制度是管理班级的依据，是对班级成员行为规范的约束说明，具有对班级成员行为能力的计划和预测功能，须具有很强的可操作性，而不能只是空泛的规定。比如学生需要做到什么，做不到该怎么办，其制定必须是全面且公平公正的，既要遵循教育法规、《中学生守则》和《中学生日常行为规范》，同时也要符合学校的校纪校规，既有奖励措施，也有惩罚规则。比如在对学生早上的出勤时间做出规定时，学校要求学生7：25必须进入校门，7：30开始早读，但每天学生回到班级要交作业，做值日卫生等工作，所以踩点进入校门是不可行的，所以到班时间定为7：15左右最为恰当，然后再给出奖惩机制。再比如作业上交情况的班级管理规定：每位同学每天必须按时按质按量完成作业，须按时上交作业（当天上午大课间前补交了作业不算欠交），每周无故欠交作业1次，提出警告；每周无故欠交作业2次，给予口头批评；每周无故欠交作业3次，向全班表演一个节目……如此等。每位同学每周的作业欠交情况，由学习委员在作业情况统计表中进行登记，每学期欠交作业达到 5 次以上，取消期末"学习之星"的评选资格（因疾病等非可抗因素除外）。班级的其他规章制度，比如卫生管理、课堂纪律等也都可以按照这种方法去设置。这样将学校的各项奖惩措施和班级的管理结合，又与自己班级实际相结合，形成有理有据、有一定弹性、可实操的班级管理措施。

二、高效的班干部团队

建立了完备的班级管理制度后，我们还须有完善的监督检查系统去执行，班干部队伍责无旁贷。为此，班主任必须选择有责任心和服务精神的同学组建班干部团队，并明确各职位的职责。比如班长协助班主任处理班级的全盘事务，提醒各班干部履行职责，负责班级的出勤登记，每周五向班主任反馈近期班级存在的问题；学习委员负责登记每天作业欠交情况，统计每周各同学的作业欠交情况，周五汇总反馈给班主任；劳动委员负责督促每日的值日卫生，对不认真或者不做值日的同学进行登记，周五汇总反馈给班主任；各科代表负责收发作业，统计每日各科作业欠交情况并上报给学习委员进行登记，与科任老师沟通各科作业量等问题。各职位有了明确的职责，班干部系统才能发挥作用，班主任就不必事必躬亲，只需保证每一位班干部各司其职，每周根据班干部汇总的各类问题，分析班级情况，对不良现象进行整顿，对进步行为进行表扬，班级管理制度才能发挥效力。当然，在新班级建立的初期，班主任必须先对班干部进行相关培训，教会他们如何开展这些日常工作。

三、有效的反馈系统

要使管理有效果，班级还必须有具体的反馈系统，比如在科代表、学习委员、班主任三者之间建立一种自下而上的中短期反馈系统，通过这种方式班主任可以清楚了解每周班级的作业完成情况，并在每周班会课上进行总结，该批评的批评，该表演节目的表演节目，该停课整改的进行停课处罚；科代表、学习委员、全班同学也可以形成一种短期反馈系统：科代表每天统计欠交作业名单报给学习委员，学习委员每天早读后第一时间将各科作业欠交情况张贴在公告栏，以让老师和同学们第一时间知道作业上交情况，未完成作业的同学可以及时补交后到学习委员处销名。根据出勤统计和宿舍扣分统计进行期末"文明之星"评选，根据作业和成绩统计进行期末"学习之星"评选，根据值日卫生统计进行期末"勤劳之星"的评选等，这都属于长期反馈。班级反馈系统必须是长期反馈与短期反馈相结合，这样就能把小问题扼杀在摇篮中，而大问题也能寻根究底。

一个班级只有具有了明确的管理制度、高效的班干部团队和有效的反馈系统，

才能形成班级的长效管理机制，班主任才能从各种琐碎的班级事务中解放出来，更好地关注班级的整体发展，同时把重心投入到需要解决的关键问题上，管到关键处。这种长效管理机制一旦形成，班级就走上了正轨，良好的班风就能很快形成，班级的发展就会形成良性循环，班级的自主管理能力就会不断提升。同时，学生的自主空间多了，自主能力也就能得到培养。

初三班级管理的几点思考

黄剑玲

2019年初,我接手了一个初三年级班,开始了一段与几十个孩子的缘分之旅。这是一个优秀的班级,班风纯正,学风优良,遇上这群孩子是我的幸运。在这段相处的日子里,我欣慰着学生们的听话懂事,心疼着他们的学习不得法,欣赏着他们的默默努力,也鼓舞着他们为自己的前途去勇敢奋斗。回忆起这段经历,作为班主任的我有以下几点思考和体会。

一、确立目标,鼓舞士气

初三年级是学生学习阶段的关键期和重要转折点,也是他们第一次真正为自己命运拼搏的时期,学习无疑最为重要。在这一段奋斗的岁月里,学生的心情会随成绩的起落、时间的松紧而跌宕起伏,这时班主任应扮演什么角色呢?

经过反复思考,开学第一天我组织了名为"我们的初三,我们的路"主题班会,确定班主任的角色是同行者;确定班级的标语为"有分必争,有旗必夺",以树立孩子们的竞争意识,同时设立了班级日志来记录我们生活中的点滴感动,让初三这一年温馨满路。在班会课的最后,我让学生大声朗读我们的口号——"有分必争,有旗必夺,三班出征,英勇驰骋",以此为我们初三的启航而鼓劲。

这次班会课之后,我发现孩子们因换班主任的迷茫与恐惧消退了不少,因为站在他们面前的班主任有着明确的目标与理念,让他们好像找到了依靠,并相信在前行的路上老师一定会一路陪同和关注。

二、动情晓理,团结家长

对于毕业年级来说,家长的配合无疑是至关重要的。考虑到开学初有一个家长会,我决定好好利用这次机会展示我的带班理念,尽可能团结家长,形成教育合力。

于是，在家长会上，我首先亮明了态度，以合作的姿态向家长们讲述了我的人生经历，动之以情、晓之以理地和他们说理：初三的路不容易走，家长一定要花时间、花心思陪伴，现在陪孩子一年，也许孩子会回馈你三十年。如此先从观念上"征服"了家长。接着，我利用网络资源，建立 QQ 群、微信群，有选择地推送学生早读的、课间的、体育锻炼的照片，或是班级的值日表、课程表、班干部名单之类，或是孩子们的目标、座右铭等，让家长直观了解班级的日常生活，意识到他们自己也是这个奋斗集体中的一员，也有责任为之付出努力。最后，由家委会建立资金会，每位家长缴纳一定的资金，以备班级购买书籍或大型活动需要时可用，这样也省却了平时繁琐收费的麻烦，也让家长们真正体验了班级事务的参与感。而在平时，我也常和家长电话联系或面谈沟通，每个星期坚持给不同学习层次的学生家长打电话，了解学生情况、表达对学生的重视和鼓励，并利用多种途径建立家校沟通桥梁，将班级工作做得更完善。

三、建立队伍，各负其责

班级管理要成功，组建一支由品学兼优、责任心强、乐意为同学服务的学生担任班干部的班委队伍是关键，因为在这些榜样的带动下，同学们会不断进取，形成正确的集体舆论和优良班风。

在确定班干部人选后，要进行培训，在实践中引导和教育学生干部正确履职。为此，我经常教育他们要树立为集体服务的光荣感和责任感，要求他们努力学习、团结同学、以身作则，鼓励他们既要大胆工作，又要严格要求，注意工作方法。当然，班干部不是完人，因此对他们也不能过分苛求、指责，在他们工作出现失误的时候，尤其要多加鼓励，以防他们丧失信心，"撂挑子"不干了。对他们的工作要经常检查，多给予具体的指导和帮助，既不能包办代替，也不能放手不管。为了提高他们的管理能力，我还坚持定期召开班干部会议，组织他们学习制订计划及具体措施，检查落实情况，总结得失，并加以改进。而对于班干部的不良行为，也决不姑息。当然对于班干部队伍，总的原则是要鼓励他们以身作则并带动其他同学，促进整个班级的管理工作。

四、抓住关键，指导学法

本班学生虽然大部分对学习成绩比较重视，但也有少部分同学由于基础较差，学习动力不足，目标不明，无心向学。对此，我鼓励优生带动和帮助学习相对被动的学生，形成互帮互助的机制，同时教育学生要有明确的学习目的，端正学习态度，遵守学习纪律，指导学生制订好适合自己的学习计划，提高学习的自觉性，努力提高学习成绩。

1. 主动学习

开学之初重在激发学生求知上进的内在动力，分析形势，明确任务。引导学生自觉确立学习目标，制订学习计划，选择学习方法。在学习过程中要学会自我监控，自我指导，自我强化，自觉主动地钻研知识。只有这样化被动学习为自主学习，学生才能积极拓展提升自己，取得长足进步。

2. 鼓励竞争

没有竞争，集体便没有活力，个人便没有危机感，因此要用竞争激发学生昂扬的斗志，挖掘学习的巨大潜能。为此我在语文课堂上经常开展各种类型的竞赛，比如背诵、朗读、默写等，利用活动课适当开展作文、演讲、书写、辩论比赛，提高学习积极性，增强完成任务的紧迫感，有效提升学习效率。同时，我鼓励孩子们要良性竞争，在竞争的同时要互相尊重。如此才能互相激励，走得更远。

3. 防止偏科

班主任应时刻关注学生各学科的均衡发展，引导学生不断强化薄弱学科，突破重点，帮助偏科学生建立自信，提升兴趣。班主任应和各学科老师保持密切联系，随时把握偏科学生的学习情况。并和科任教师一起为他们出谋划策，排解困难，需要时还可利用课余时间进行个别辅导，帮他们开开"小灶"。

总的来说，班主任是一份痛并快乐着的工作，会被繁琐小事缠绕，会遇上各式各样的突发事件，时不时需要连同家长共同"扑火"，但与此同时也会收获很多来自学生的感动与快乐。这些快乐将会是我们教育生涯中的珍贵记忆。

加强班级管理　形成良好班风

艾显琴

顾名思义，班风是指一个班级稳定的、具有自身特色的集体风范，是一个班级中大多数学生在学习、思想等方面的共同倾向。对于初中一年级的学生来说，面临新的学习环境和新的学习伙伴，必然有一个适应和过渡期，在此期间，其思想行为难免有一定的波动和影响。为此，只有打造良好班风，尽早形成班级凝聚力，学生才能在新的环境中继续凝聚心力，完成新的学业任务。

一、建立和谐家校关系，形成教育合力

良好的开端是成功的一半。一个新班集体的建立，除了老师、学生要付出努力，共同建塑，家长的助力也必不可少。因此在开学初期即赢得家长的支持，建立良好的家校关系，对班级建设至关重要。班主任在这方面小到发出每一个通知，都要站在家长和孩子的角度，充分表达作为班主任的关心与爱。比如当拿到学生名单后，首先要着手了解学生的组成情况，建立沟通平台，通过校讯通发送入群信息，表达对学生和家长的欢迎与期待；接着通过电话沟通了解孩子的体育锻炼及身体情况，表明风纪教育对孩子进入中学的重要性，希望家长在此期间多鼓励孩子，上好中学第一课，在沟通过程中要注意一定的技巧，目的在于让家长感受到自己作为班主任对孩子真心的关爱，而不仅仅是简单为摸排情况而走过场；风纪教育结束当天，通过"一封信"活动开启家校活动，将家长对孩子的爱与期待传递给孩子，如此通过建班的第一次家校活动，让家长融入这个集体之中……这样在开学初的一系列大小活动中，让家长和孩子感受到新老师的关心和新集体的温暖，有助于促进和谐家校关系的建立，早日形成教育合力。

二、开展有益身心活动，加强品格教育

班主任首先要结合本班学生的特点，将思想品德教育落实到班级活动之中。且

要注意根据初一年级学生的身心特点,以他们乐于接受的方式进行,帮助他们树立明确的学习目标,养成良好的行为习惯。在此基础上再着手构建班集体建设的共同目标,激励学生为共同的班级愿景而努力。具体来说班主任首先要抓好班级日常活动,例如周一的升旗仪式,要求学生整洁着装,规范行为,以此培养学生热爱祖国的高尚情感,树立正确的价值观念。仪式的庄严肃穆,能促使学生管理好自己的一言一行、仪容仪表,有利于学生养成良好的行为习惯。其次,班主任要带领学生积极参加各种活动,并以学校的活动带动本班班级活动。例如在体育节班级风采展活动中,鼓励学生全员参与,通过活动加强学生的集体观念;田径比赛中充分发挥运动员的参与精神,引导同学们人人有事做,人人都为班集体作贡献,将运动场变成形成班级凝聚力的重要舞台。如此让优秀的同学发挥带头作用,在班级内形成相互带动的学习机制,促进良好班风的形成。

三、着力班级文化建设,引导自主管理

优良的班级文化能使学生自觉遵守班级公约,约束自己的言行举止,处事都能以班级荣誉为重,从而促进形成强大班级的凝聚力。具体来说,在构建班级文化的过程中,要从小事做起,例如拟定符合初一学生特点的班级格言,并从环境、个人、集体等方面加以落实,让学生在班级格言的指引下,管控自己的言行,营造和谐的集体;在充分听取学生意见的基础上制订本班的班级公约,并要求学生积极遵守;借助体育节,通过班服、班旗等载体宣传班级文化,让班级文化深入人心,让学生愿意为班级荣誉而付诸行动,使班级文化变成学生前进的指路明灯;借助学校"校园小卫士"活动,鼓励更多学生付出小爱,实现大爱,增强学生集体荣誉感。同时,班主任在管理班级和各项决策事务中,要充分听取学生意见,并鼓励学生自主自治,努力成为学习和生活的主人,如此班级管理工作才能事半功倍。

四、关注班级舆论导向,营造良好氛围

班级舆论是班级发展的风向标,要建立优良班风,就一定要营造良好的班级舆论氛围。尤其是初一年级学生,阅历浅、见识少,受周围环境影响大,这时候就尤其要求班主任管控好班级舆论,以让学生在一种积极向上的集体氛围中树立正确的人生观、世界观,为未来学习生活打下坚实的品德根基。比如当班上出现"不公平"的声音时,班主任要及时反思自己在处理学生问题中有没有做到"一碗水端平",同时通过其他活动佐证班级管理的公平公正性,只有这样学生才会信任班主任,愿意围绕在班主任身边,共同打造积极向上的班集体。又如当某一社会事件在

网络上发酵时,为免让学生受其中片面或不正当观点的影响,班主任应适时发表评论,以引导学生建立正确的是非观,在班级中形成强大的积极向上的集体氛围。

总而言之,通过增强班级凝聚力,促进良好班风形成,能使学生在班集体中不断规范自身行为,树立远大学习理想,实现身心健康发展。

特殊的考验
——疫情期间的班级管理故事

刘 苏

2020年的寒假我外出度假，但作为高三班主任，其间我一直通过网络和学生及家长保持着联系，关注着学生的假期学习情况。新冠肺炎疫情突发后，学校停止了原本开放的自习教室，要求学生全部居家学习。在此过程中，高三学生的自习慢慢出现了一些问题，如对时间的利用效率问题、对电子设备的依赖等，在和家长的沟通中，我能感受到他们的焦虑。

学校通知准备启动网络课程时，我刚从国外回来，还没回到自己家，手里只有一部手机，对上网课可以说有点发怵，原因有三：第一，自己手上没有任何高三资料，甚至没有一台电脑；第二，同大多数一线老师一样，我对网络课程开展的技术和平台几乎一无所知；第三，作为班主任，我很担心孩子们在上网课过程中敷衍应对，甚至借此机会滥用手机。

在焦虑和担心中，那天晚上我失眠了，反复在想这会不会影响孩子们学习，网课会不会起到反效果等。第二天，年级组和备课组同时行动起来，在大家都热火朝天投入到筹备工作时，我也迅速调整心态，投入到班级平台搭建和备课组筹备工作中去。

一、将心比心，家校沟通筑平台

在这个特殊时期，老师的常规管理对学生的学习已是"鞭长莫及"，我想，要取得良好的教学效果，就必须获得家长的理解和支持，"借鞭使力"。于是，我先将网课的目的、课程设置、作业提交方法等一一向家长讲解并征求他们的意见。在此过程中我发现家长们对网课非常支持，他们甚至还帮着我策划管理方法，并主动承担一些提醒工作。例如每天的学生健康状况上报，我们班基本不需要我操心，家长们都会主动在群里互相提醒，以便让老师能更专心地投入到教学管理工作中去。

在后期网课开展过程中,我始终站在家长的立场,理解他们的焦虑,重视他们的关注,也尽力寻求他们的支持和帮助。例如,班上有两个男孩通过了空军飞行员招飞复检,只要成绩通过,身体素质保持现状,就有很大可能在高考后进入空军队伍。对于这两个孩子,一开始我就提醒家长特别要注意他们的用眼卫生;当我们班有个别家长反映孩子对手机有依赖,同时孩子对家长的提醒和监督有抵触心理的时候,我就及时和家长一起想办法,如时不时给他们发条微信甚至打个电话,先关心孩子的假期情况,再对他们的学习进行提醒和提出要求,收到了较好的效果。

二、团结互助,各展其长度难关

网课的关键是要解决上课平台、授课技术和复习资料的问题。刚开始准备时,我手上只有一部手机,在尝试了希沃云课堂、腾讯会议等在线软件都没办法进行正常教学时,为了获得更好的教学效果,只能驱车两小时回到广州家里,拿到电脑后进行授课准备。当时还面临一个问题,就是我们手上缺乏完整的课程复习资料,于是,我们整个备课组想方设法在网络上寻找电子资料,搜集有关疫情的第一手素材,为学生编写符合当下情况的复习资料和练习。当时我们备课组4个人,只有两台电脑,大家都努力克服困难,第一时间编写出了三周的复习内容和配套练习。在平台准备上,我记得从2月1日开始,就被拉入了"2020铁一网校交流群",而这个群直到今天依然非常"热闹",不一会儿就有几百条未读信息。在这个群里,我看到从语数外到理化生政史地学科,从班主任到科任老师,从小年轻到资深教师甚至是一些快退休的老师,都在近乎"笨拙"地学习如何用网上平台进行授课,没有任何抱怨,只有互相帮忙、互相示范、互相鼓励……在这个群里,有平台工作人员的专业讲解,也有学校信息科老师的耐心指导,平时站在讲台上侃侃而谈的我们,那时就像刚刚打开知识大门的孩子,如饥似渴地学习,唯恐哪一个知识点没搞懂。在这个过程中,我是深受感动的,尤其是看到那些平时不太熟悉电脑技术的老教师还在认真摸索、努力尝试,就为了给孩子们呈现一个好的教学课堂时,我不由得暗下决心,努力让网络课堂和现实课堂一样高效精彩。

三、点面齐抓,教学相长促发展

网络授课是教师的主阵地,但在授课的过程中,我觉得自己也在同孩子们一起成长。如以语文学科为例,在网课教学过程中,我们能更快捷地使用各类网络资源,也能更方便地进行讨论,之前我担心的孩子们借口上网课而玩手机的情况基本未出现,孩子们在视频或语音中积极地探讨问题,各抒己见,随时能接上老师抛过

来的"梗"。各类调查问卷和签到程序的使用,也让我能一目了然地看到孩子们的做题情况和问题汇总。同时,比之现实课堂,孩子们好像更敢于开口去提出问题,寻求老师的帮助。下课之后,孩子们也会在微信上发给我一些好的建议和直播指导。第一天网课结束后,我非常开心,因为自己总算突破了一个小小的难关。大家在教师群里也互相调侃,说大家都"从一线教师变成了十八线主播"。

此外,对于网课学习,我和科任老师们都采取了"点面齐抓"的办法。除了按照年级安排的常规课表外,各科任老师还组成了学科突破小组,利用小组学习的形式进行师生互动和点对点的沟通。

作为班主任,我也给自己定了一个小任务——每天给一个学生发微信或打一个电话,问问学生的假期学习情况,关心一下他们有没有锻炼身体,提醒他们在假期要学会自我管理等。我不知道这些细节有没有效果,但希望在这个特殊的假期里,能让孩子们更直观地感受到老师的关心和陪伴。

强者乐于互持　精英敢于自省
——尖子生培养的新尝试

程思永

这一年学校设立了"2+4"直升班，这是一种具有实验性质的教育模式。具体做法是从本校培养的初二学生中挑选出最优秀的一小部分，组成新的班级；在初三学年第一学期由高中老师开始给学生架构高中的知识体系，并在第二学期开始进入高中新知识的学习。这样的班级，是由初二年级最优秀的学生组成的，是名副其实的"尖子班"。而我有幸担任这个班的班主任。在管理班级的过程中，我发现尖子生们并没有迸发出"遇强则强"的斗志，反而或多或少地在这个"强强联手"的班级里遇到了学习的瓶颈，迷失了前进的方向。为此，我在慢慢摸索和理解他们的基础上，尝试以"互持""共赢"的理念改变他们的心态，提高他们的学习热情。对此我积累了一定的经验。

一、融入集体，做合群的强者

组建这个班级之初，这群高傲的学生在学习上"各自为政"。在第一次班级考试前，他们都认为自己是最厉害的，自己的学习方法是最科学的，表现出典型的"文人相轻"的倾向，使得班级难以形成凝聚力和归属感，这是实验班组建后面临的第一个大问题。这方面表现最明显的是小周同学。

小周的父母都是高级知识分子，父亲是工程师，母亲是大学教授。父母对小周的教育有自己独到的办法，比起普通家庭对孩子要养成刻苦、勤劳、团结、合群等品质的重视，小周的父母更重视个性、自律、独立等性格特质的养成，所以小周同学从小学开始就比较自主，无论是设定阶段性学习目标，还是制订个人学习计划，都可以独立完成。相比其他初三的孩子，小周同学更显成熟，对个人的成长发展有很强的内在驱动力，这是父母培养很成功的地方，也是小周同学最大的优点。当所有孩子都在玩耍的时候，她可以在一片喧闹中坚持学习；当所有孩子在考试后放松下来，歪坐在位置上的时候，她可以依然腰杆挺直地保持端正的坐姿。刚开始时，小周同学给各位科任老师都留下了深刻的印象。

在这样的家庭教育之下，小周同学习惯了不需要别人帮忙的独立自主，也习惯了不会或不愿意与不同层次的同学打成一片的离群独处。在同学打闹之中，她带着清高孤傲，不愿意过多投入真心实意与"幼稚"的他们交往，交不到真心朋友，而同学们也因为小周同学给予的"不一般"的看待，也不愿意主动了解和沟通，结果就在这种情况下，小周同学与班里同学渐行渐远。另外，因为父母习惯了给孩子自由，所以当小周在班里出现交往不利的问题时，父母没有在第一时间教导孩子去尝试放下成见、降低"身价"，而是放任自由，协助小周逃避现实，屡次在请假的事由上欺骗老师，助长了小周同学不想上学的情绪。

初三上学期，学校组织全班同学到北京游学，需时三天三夜。因为是初中阶段少有的集体外出活动，而且是远离父母三天，班里同学都很兴奋，唯独小周同学不然。本已经报名的小周在最后两天临时变卦，提出要退出游学，理由是听说北京空气不好，不想吸入废气。出游并不能打动她，集体活动也不可能吸引她。与此同时，除了游学活动，在非语数英物化生等主科课程时多次请假，根本不重视音、体、美等学科发展，也是常有的事。

幸好，小周在学习上是一个很自律的人，对自己有一定要求，学习态度也足够认真，拥有自己的一套学习方法，习惯了自己的学习节奏，而曾经行之有效的学习方法，让她习惯在学习上单打独斗，不太信任老师和同学给予的学习建议。但是常在河边走，怎么可能不被难题伪装而成的石头绊倒过，怎么可能不被高强度的学习浪花打湿过呢？于是从来没有参加过课外补习班的小周同学，在初三时也加入了课外补习大军的行列。

后来，当学习上遇到的困难越来越多，不习惯寻求师长和同学帮助的小周，又开始经常通过上网"搜题"来解决。在一个学期内，小周曾多次提出要参加晚修，后又多次随意请假，请假理由不外乎是：参加补习班、需要回家上网"搜题"来解决作业问题，或者是太困太累、身体不适等。针对这种情况，我采取了以下四项帮教措施：

第一，找准契机，与小周进行了单独谈话，了解她的内心想法。趁着她又一次晚修请假，我先是严厉地训斥了其不按班里规矩办事，过于随意自由，并让其当晚停止晚修，回家写好情况说明并让家长签名，让家长了解这个事实。第二天小周同学过来的时候，我再改换态度，循循善诱，说明老师的期待，引导小周同学说出内心的困惑和疑虑，安抚孩子经历过训斥后的脆弱心灵。

第二，与家长强化沟通，电话家访和邀请家长到校面谈相结合。在安抚学生后，我与家长进行了电话沟通，并邀请家长到校面谈，转达学校的请假制度规定和

相关要求，展示孩子在学校的真实情况，明确家校双方对孩子的教育目标和引导方案应该是一致的，说明小周现在身上存在的问题的严重性。同时也通过家长进一步了解了孩子在家的真实情况，与家长达成了共识，进一步加强配合。

第三，与科任老师沟通，帮助小周同学从"搜题"的"泥淖"里钻出来，向科任老师提倡主动一步，多走一步，让小周同学感受到老师的关爱。

最后，利用班级外出参赛的契机，在全班培养集体荣誉感，做好全班的思想教育工作，引导学生团结友爱，互相接纳，学会发现和欣赏与自己性格不同的同学的优点。

小周本来因心理问题而导致总分成绩从班里第 3 名下滑至第 14 名，在做了上述工作以后，其成绩有所回升，学习态度渐渐好转，学习习惯发生转变，也愿意参加集体活动，不轻易请假，坚持在校学习，期末考试总分回归到第 10 名。

从清高的强者到渐渐融入集体的强者，小周同学的孤傲性格在慢慢改变，而她的集体观念也在慢慢增强。我相信小周将会突破瓶颈，做一个能够平衡集体和个人关系的、合群的强者。

二、开阔格局，做自省的强者

瑶瑶开朗活泼，爱好广泛，乐于分享，与同班同学相处得很好，经常呼朋唤友，但在她随和而亲切的笑脸背后，其实有一个极为要强的灵魂。第一次留意到这个女孩，是因为有一次课间操集队时她迟到了。

初三年级位于主教学楼五楼，五楼以下是初一、初二的同学，而课间操是初中三个年级一起行动的。所以一旦课间跑操铃声响起，初三学生要是没有立即下楼，就容易被初一、初二的孩子堵得动弹不得。为避免因楼道堵塞造成意外，初三班主任往往会提醒课间操前一节课的老师下课铃响后千万不能拖堂，但一学期下来难免会有例外。那一次跑操，因学校的基建工程，年级临时调整了各班跑操时集队的位置，靠近东边楼梯的我们班要到西边跑道集中。而恰好就是那一次跑操，科任老师不了解这个调整，导致我们班集队迟到，集体罚跑了一圈。

当我陪着他们跑完后，我留意到瑶瑶脸红耳赤，眼睛仿佛能喷出火来，但眼眶里却是水汽氤氲，竟是气哭了。我问她怎么回事，她愤愤不平地"讨伐"道："为什么要罚我们？安排这个位置本来就是不合理的，而且今天明明是老师拖了堂！"

第一次看到这么温和的女孩发出这么强势的"指控"，我好好地安抚了她。而在冷静下来后，我渐渐琢磨出一点不对来：怎么错的都是别人？作为班里有一定积极影响力的学生，她真的没有可以作为的地方吗？

一周后，还是这个跑操的时间，我在下课前 2 分钟站到了班级门口。当下课铃

响起,我马上打开门,和任课老师表明了学生有跑操的任务,任课老师马上表示理解并"放人",全班学生准时集合完毕。

跑操后,我让瑶瑶留下来,与她分析上周的那次迟到事故。一周过去了,早消了气的瑶瑶对我重提旧事有点意外。我说:"我今天提早到班,及时提醒任课老师,这个事情是不是非我干不可呢?"她语带委屈,说:"您是班主任啊,我怎么好意思去提醒上课的老师呢?他正讲得激情澎湃,滔滔不绝。""正如你所说的,他讲得激情澎湃,听不到铃声,想不起要做操,是不是也是情理之中?你既是能够体谅老师上课犹入无人之境的贴心人,也是班里能够一呼百应的佼佼者,在准时跑操这件班级事务上,是不是真的没有任何可控的操作,是不是真的没有任何需要承担的责任呢?何况,你怎么只看到年级安排不妥,就没看到隔壁班也是在楼梯东面,他们集队却是快、静、齐呢?"

"所以,我可以在上课前提醒老师今天要跑操,在下课铃响后提醒老师不要拖堂。然后,督促同学们赶紧下楼?"

"正解。"

达成共识以后,班级跑操仍然偶有迟到,但她再没埋怨过。也许,就算再有迟到,她的要强和要面子在爆发出来之前,也会先自省。

升入高中以后,她的英语成绩偶有下滑,单词记不住,在英语老师面前大哭了一场。"已经很努力""花最多时间的一个科目""就是学不好",英语老师复述了她的原话。我等她心情平复后,让她来办公室,和她分享了我高中时学习英语的笔记本、背诵单词时候的录音,还有其他同学的规范作业。

"你为什么只想到,英语是你'花最多时间的一个科目',却没有想到,你并不是班里在英语上花最多时间的一个同学呢?"

她沉默了。

我趁势说:"你还记得初三跑操的事吗?是不是自己真的没有任何可控的操作,是不是真的没有任何需要承担的责任呢?"

她擦了擦眼泪,说:"老师,我知道了,我再试试。"

我想,她会渐渐明白,所谓强者的"强",只有面子上的要强是不够的,只有灵魂的倔强也是不行的,还需要与它们相匹配的能力,不纠结于当下得失成败的开阔眼界,以及在失败面前敢于自省的超强气概。

可见,对这样一个特殊的班级,只乐观地设想孩子们会"强强联手"是不实际的。对这些尖子生而言,首先要解决他们的心理问题,让他们学会欣赏同学的优点,学会悦纳自己的缺点,放下孤高,放下要强,这才是提高成绩、发挥出最强合力的关键。

初中班级之班风建设浅议

李佳美

班级是学校教育和教学的基本单位,也是班主任开展德育工作的主阵地。一个积极向上的班集体对于学生的健康发展至关重要,为此我们可以通过多种途径,对学生进行科学合理的品德教育,建设优良班风,助力学生发展。

一、巧用历史素材,开展集体教育

班会是开展集体教育最便捷的途径和有效载体,班主任要充分利用班会课对学生进行及时的引导教育,落实立德树人的根本任务。比如,针对初中生"追星"现象,笔者就曾借用历史素材,对学生进行正确价值观和社会责任感教育。

班会开始时我问同学们,你们最崇拜的人是谁?很多同学说出的是明星的名字。然后我展示中国外交"天团"的图片,问同学们知道他们是谁吗?很多同学说出了外交部发言人的名字。接着我播放了最近两年中国"外交天团"霸气回应国外舆论的视频集锦,从王毅部长在南海问题上的硬核回答"历史终将证明,谁只是匆匆过客,谁才是真正的主人!"到华春莹的"做人不能太'美国'了",再到耿爽等外交官们的智慧而刚勇的发言,让同学们大呼痛快,且热血沸腾。外交部发言人既霸气沉稳,又不失机智幽默的发言,让同学们感受到了我国外交家们霸气外露、妙语连珠、舌战群儒的英伟形象,浓浓的自豪感也因此油然而生。

最后,我总结道,我国外交家们代表中国的形象,他们在发言时不卑不亢的态度,尽显大国气度,他们才是中国最闪亮的"明星"。对比旧中国,我们的外交是屈辱的:我们被迫签订的一系列不平等条约、在巴黎和会上中国的合理要求被拒绝,哪怕是我们的外交家顾维钧等据理力争都无法改变结果。强烈的今昔对比说明了什么?说明了"落后就要挨打""弱国无外交"的道理,所谓"国荣我荣,国耻我耻",身为中学生,我们要好好学习,要为祖国的强大作出自己的努力和贡献。结合此次班会,我专门安排了一期以"班级兴亡,匹夫有责"为主题的黑板报,目的就是引导学生从现在做起,从身边的事情做起,培养浓浓的爱国情感和强烈的责任意识。

二、针对个性特点，开展个别教育

有段时间，有任课老师向我反映个别学生在课堂上看课外书。为了解决这个问题，我一直等待着教育的良好契机。有一天的英语课上，老师又发现有学生看课外书，并告知了我。课后，我找到这个学生了解情况，刚开始时他很抗拒，不肯回答我的问题，后来又担心我告诉家长，于是哭了起来。我没有阻止他，等着他慢慢平静下来。几分钟后，他见我没有马上打电话给家长，才慢慢说他看的是《军事观察》杂志，不是杂书。我问他是不是对军事感兴趣，他说是的，正好我们八年级下册第15课《钢铁洪流》讲的是人民陆军、海军、空军和导弹部队的发展历程以及人民军队武器装备的发展特点，我就问了几个相关问题，没想到刚才还哭着的他立马对答如流，还说他对我国第一艘航母的很多参数都了如指掌，对很多武器装备的发展也十分清楚。

仅通过简单交谈，我就能感受到他对军事的浓厚兴趣，于是引导他说说对我国目前国防力量发展变化的看法。他认识到科技发展对国防建设的作用，感受到科技强军的重要性。由此我引导他认识到学好科学文化的重要性，提醒他可以结合自己的兴趣爱好多看课外书，但不能在课堂上看，否则影响了学习，这种爱好就失去意义了。然后，我和他一起制订了一个近期目标。后来我又找他聊了几次，督促他好好学习。之后，他再没有在课堂上看课外书，期末考试成绩大有进步。

三、坚持辩证育人，培养班干队伍

班干部作为班主任的"左膀右臂"，直接参与班级事务的管理，其能力大小、品德如何对班级的健康发展影响甚大，所以班主任一定要选好班干部，努力培养一支高素质的班干队伍，让他们以身作则，发挥榜样带头作用，引领班级良性运转。为了提高他们的素质，我定期召开班干部会议，通过具体的素材或案例指导班干部们开展班级管理工作。有了认真负责的班干部们的"先锋"作用和"小助手"作用，班主任的班级常规管理工作就能事半功倍。

当然，班干部本身也是班级的普通一员，因此也会有缺点。对此，班主任应以辩证育人的眼光，合理看待他们的优缺点。对于他们身上好的方面，要督促其加强；对于不好的一面，则要帮助其改正，让他们始终能以更为优秀的榜样形象，带领其他班级成员一起努力奋进。如此，良好班风才能慢慢形成。

四、抓住教育契机，凝聚班级合力

一个凝聚力强的班集体，靠的是每一位同学的团结与奉献，因此班主任要充分调动每一位班级成员的积极性。从每天的日常常规到每个月学校的文明班评比，从每年一度的运动会再到日常学习，都是凝聚班级合力的良好机会。利用这些活动契机，我召开了"我与班集体"主题班会，引导大家了解"木桶理论"，指出班级发展中的不足之处以及改进办法等。同时，借用雷锋名言"一滴水只有放进大海里才永远不会干涸，一个人只有当他把自己和集体事业融合在一起的时候，才能最有力量"来激励学生把个人发展融合到集体发展之中。以"做最好的自己"作为班级格言，激发大家发挥潜能，为班级争光。利用荀子的"道虽迩，不行不至；事虽小，不为不成"来鼓励大家在学习和生活上都能全力以赴，收获理想。这样通过集体的共同努力，我们班取得了很多亮眼的成绩，班级凝聚力不断加强。

总而言之，一个积极向上、团结友爱的班集体对于学生的健康发展至关重要。班主任要通过各种途径，对学生进行及时合理的引导教育，以形成班级共识，建设良好班风，培养健康人格，获得良好发展。

新形势下初中班级管理的几点体会

王雯佳

初中阶段既不是刚入学对校园生活由陌生到渐渐适应的阶段，也不是在高中苦读面临人生第一个重要考验的阶段，而是居于两者之中，起着承上启下的特殊过渡作用。这时候学生既有繁重的学业任务，又经历着向青春期过渡的特殊心理阶段，容易产生情绪失控、心态失衡等各种青春期的问题，因此对班主任的班级管理提出了更高的要求。尤其在网络普及信息泛滥的当前时代，学生面临的各种外界诱惑和影响更多，这要求班主任既要引导学生端正学习心态、掌握正确学习方法，又要指导他们养成良好的行为方式，提高沟通和社交能力，建立正确的价值观念等，可谓任务更重，挑战更多。

一、新形势下初中班级管理面临的挑战

1. 网络信息的影响

当前，互联网对我们生活的影响越来越大，在教育教学方面亦然。互联网的应用为我们的教育教学带来了便利，但同时也带来了许多了负面影响。如部分学生因此沉迷于移动终端，在聊天及游戏上浪费了大量时间，严重影响了学习，对班级管理也提出了挑战。网络技术的不断发展，导致各种APP、游戏项目不断推陈出新，这对于玩心甚重的初中生来说，确实是一个较大的管理隐患。学生很容易基于网络既收集学习资料，又为一部分不良信息所影响，从而对他们的人际交往、思想意识、价值观等带来不利影响。

2. 心理素质的干扰

初中时期正处于青春叛逆期，学生自主意识增强，不想再被大人们的言行所束缚，思想及行为都追求自由、独立。然而，初中学生毕竟年龄较小，自身能力不足，在追求所谓的自由、独立的过程中会遇到各种挫折和困难。这个时候，如果学生心理素质不够强，对自我的认知不正确，就很容易偏离正确的人生轨道。另外，

初中时期学生的法律知识有限,如遇到校园暴力等不良事件,就很容易受到伤害。这些因素都会影响学生心理的正常发展,给他们的学习生活带来诸多不良影响。

二、新形势下初中班级管理的几点策略

1. 建立良好沟通,把控信息来源

班主任与学生之间建立良好沟通是十分必要的。良好的沟通可以帮助班主任全面了解学生,从而做好学生思想工作。如对患有网瘾的学生,班主任首先要让学生清楚了解到把时间用在网络游戏及聊天上对于学习及生活的弊处,引导学生充分利用课余时间充实自己的学识,而不是沉湎于网络游戏不能自拔。同时,班主任也要学习网络技术的相关知识,以有效控制学生的信息来源,同时丰富教学内容,引导学生筛选、屏蔽不良信息。例如可以定期举办沙龙活动,针对近期网络热点话题展开讨论,班主任和家长予以甄别和指导。目的就是要教育学生形成正确价值观,引导他们形成自己的正确认知,而不能人云亦云,被不良观点误导。其次,班主任还可以组织"网络的利与弊"主题班会。在班会上让学生自主发言,一方面了解学生对于网络的看法,另一方面让学生进一步认识网络,提高自己的控制能力,增强网络素养。最后,班主任还可以利用召开家长会的机会,与学生家长进一步沟通、协作,共同引导学生正确利用网络信息。

2. 重视心理疏导,提升法律意识

初中时期是学生叛逆情绪的高发阶段,在这一时期如不能引导学生树立正确观念,学生就很容易因为叛逆而做出错误的决定及行为,这对于学生的发展是极为不利的。因此,班主任首先应重视并加强学生的心理教育。学生由于在校时间相对较长,因此班主任应注意建立融洽的师生关系,为学生提供一个轻松、愉悦的学习环境,同时为心理教育的开展提供有力保障。其次,班主任应与政治老师加强沟通,了解此阶段学生对于法律的意识强度,并协助政治老师加强学生对于法律的认识,养成遵纪守法的意识。此外,班主任要善于发现学生的优点,并给予表扬和鼓励,以树立学生的自信心。这样,学生在遇到困难时,就可以有足够的勇气去面对。为了增强学生的自信心和进取心,当学生在学习及生活中遇到困惑时应及时给予指导;当犯错误时,不要一味地批评,而应引导他们认识到错误并改正。如此在学生最为敏感、叛逆的时期,重视其心理教育,使其拥有健康的心理,养成正确的观念,学生就会顺利地走过这一片青春的沼泽地。

3. 注重以身作则,养成良好习惯

初中生年龄尚小,还未能形成成熟的意识及习惯,这个时期班主任的引导及辅

助就起着十分重要的作用。为此在班级管理过程中，班主任应以身作则，时时刻刻严格要求自己，做学生行为的楷模和学习的榜样。要做到说话掷地有声，为人爱憎分明，遇事处变不惊等。要力求在解决问题时让学生信服，热爱学习，积极进取，且有办法激发学生学习兴趣，让他们跟随教师爱上学习，不断进步。如此通过长时间的潜移默化的影响，促使学生养成良好的学习和行为习惯。

应该说，在新的时代背景下，班主任的班级管理也面临着全新的挑战。在实际工作中，班主任应针对问题，采取有针对性的方法和具体的措施予以妥善解决。如此为学生营造轻松和谐的成长氛围，引导学生树立正确的价值观、世界观和人生观，培养学生综合能力，让学生健康成长和全面发展。

高一年级系列班会教育的设计和实践

蒋茂霞

班会是班主任对学生进行思想教育的重要阵地。一个班级的学生来自不同家庭，表现出不同的个性，班会可以引导学生在大是大非问题上统一认识，培养他们的集体荣誉感，增强班级凝聚力。可以说，没有班会，班主任对班集体进行整体的教育就没有有效载体，可见班会之重要。班会应和学科教学一样有任务、有目标、有组织。而系列班会更是因其系统性、连续性、针对性等特点，在德育中发挥着独特的作用。设计系列班会要根据学生的阶段特征、班级特点及班主任对教育的认识等因素进行，目的是让教育有序推进，让学生更易接受认同。

一、系列班会设计的理论基础和必要性

所谓系列班会，就是把整学期或整学年的多节班会按照一定的教育思维、逻辑次序以及根据学生认知的心理特点，由低到高，由浅入深，循序渐进地进行系统安排，使班会活动内容逐步深化和提高，以此稳固德育效果。

人的认识总是遵循"由浅入深，由低到高"的规律来发展的，主题班会的设计与实施也要依照远、中、近期目标，针对学生、班级的实际循序推进，逐步加深，在一个统一的体系内连贯进行，通过围绕阶段目标设计系列活动，进而达到一个总的教育目标。也就是说，德育的整体性原则要求班会主题要有连续性及系统性。如果班会头痛医头、脚痛医脚、东一榔头西一锤子、无计划地零散开展，教育就难以取得好的效果，学生也难以形成良好习惯与良好品格。所以系列班会的设计是遵循教育规律的结果，其内容是一个相互衔接、由低到高的一系列的活动安排。每一次班会活动内容的设计不但要考虑重点教育的内容，还要包含前次班会所达到的教育成果，及时对前次班会结果进行反馈强化，使其对学生的教育具有连贯性。

二、高一新生心理特征及系列班会相应教育重点分析

高一是学生从初中升入高中后的一个特别重要的衔接阶段。对高一新生而言，

这一时期是他们生活上的"断奶期"、思想上的危险期、生理上的发育期、学习上的转型期。学生入学后,新的老师、新的教学方式、新的规范和纪律都会令大家感觉陌生。这些新的变化会使每位同学产生不同程度的心理反应,表现出或多或少的惶惑或不安。这个阶段,大多数的学生都需要一个调整过渡期,有的需几星期,有的要一个学期,甚至更长的一段时间。

同时,高一新生来到一个新的环境,对学校、老师、同学及新的学习内容都有新鲜的感觉,其兴奋心情也使其具有积极的学习和生活态度。这一时期如能利用好学生的这个心理特点,给以恰当的引导与教育,则多数学生都会以全新的面貌开始一段美好的求知之旅。

针对高一新生的心理特点,在高一阶段,学生最需要的应该是适应性教育(包括学习适应和情感适应);集体主义教育(新集体的建成);理想教育(此阶段的理想教育有别于高三阶段的理想教育,它主要是进行初步的高中生涯设计)。因此高一阶段系列班会的设计应围绕这三个教育重点有目的地进行。

三、具体设计和实践以及相关注意事项

(一)设计和实践(以第一学期二十个教学周为例)

如上所述,系列班会必须成系列、有计划、重承接,因此就高一新生而言,大致可设计以下系列主题班会内容:

周次	主题	内容	目的
准备周	步调一致听命令 纪律严明出铁军	军训总动员	纪律意识养成1:个人服从集体
第一周	聚于新的班集体 爱在同一屋檐下	初步提出组建 新集体的要求和期望	集体主义教育1:互尊互爱
第二周	恩师难忘常忆记 我爱我师结良朋	教师节应节教育	尊师、感恩教育
第三周	施展才能多锻炼 我为班作孺子牛	班干部竞选	建设班集体
第四周	校纪校训多了解 文明学生我来当	共建文明校园, 人人都做文明学生	纪律意识养成2:遵纪守法
第五周	文化传统需继承 民族精神要弘扬	中秋节、国庆节应节教育	爱国主义教育

续上表

周次	主题	内容	目的
第六周	初中高中比一比 我向前辈多取经	认识、了解新环境	适应性教育1： 情绪适应之外部环境篇
第七周	三年磨剑光阴逝 早把志向立在胸	初步树立高中三年学习目标	理想教育1：激发学习动机
第八周	风采绽放比专长 为班争光展才艺	体育节总动员	集体主义教育2： 团结协作，甘于贡献
第九周	各个科目多分析 常练常思找方法	探讨交流高一课程 的特点与学法	适应性教育2： 学习适应之方法篇
第十周	高效复习求佳绩 我与对手比高低	中段考总动员	适应性教育3： 学习适应之竞争意识篇
第十一周	调整心态稳答卷 诚信获胜好学子	应考心态调节及 考纪考风要求	诚信品德教育
第十二周	好汉不提当年勇 反思眼下促进步	调整自己，克服心理落差	适应性教育4：情绪适应之心态篇
第十三周	巧妙沟通爱无限 共识共知促共赢	学生与家长交流会	心理健康教育1：成长的烦恼
第十四周	聚首商议众计长 齐为班风献良策	提出班级精神 制订班级公约	集体主义教育3：爱班管班
第十五周	回首前路细思量 昂首大步迈向前	根据自身情况制订 高一生活短期目标	理想教育2：制订短期目标
第十六周	求同存异巧相处 互敬互爱朋友多	学会做人， 指导解决成长的烦恼	心理健康教育2：人际交往
第十七周	知己知彼最客观 自我悦纳天地宽	正确认识自我	学会自我教育
第十八周	自立自理又自强 雏鹰成长早展翅	在校食宿的相关 要求以及自理要点	适应性教育5：生活指导
第十九周	惜时如金巧复习 只顾攀登莫问高	期末复习指导	学习指导
第二十周	芝麻开花节节高 新年立志胜旧年	总结本学期的收获与 不足，展望新学期	理想教育3： 进一步激发学习动机

（二）设计与实践中要注意的几个问题

1. 设计思路应由宏观到微观，注重系列班会的整体性，亦即要先制定高一年级总体的班会教育目标：适应新高中。再把总体目标分配到 20 个教学周去分阶段完成。如具体的阶段目标有：建设一个团结协作的班集体；使学生初步了解适应高中的高效自觉学习的要求，在心理和情感上适应和接受新的生活环境；树立高中三年的奋斗目标，并能对自己的时间和精力做出相应的科学安排等。另可通过结合预备周的新生军训、九月份的教师节、十月份的校园体育节和第十周的第一次中段考等各时段的教育契机加强效果。

2. 再好的设计都应该是动态的，设计是一种有预见的规划，而不是不可改动的硬性命令。系列班会的设计应该根据学生在上一阶段的具体表现，在必要时及时做出调整，以突出其针对性和实效性。如到了学期中段，随着同学们之间越来越熟悉，班内出现了多起男女同学交往过密的事件，并造成了不良影响。不失时机地教育常常最有效，此时，第十二周的班会主题内容就应及时调整为关于男女生正常健康交往的相关教育。

3. 期中考与期末考的动员工作在内容上、方法上应有所区别。期中考是学生进入高中阶段的第一次大考，对学生们今后的学习信心有重大影响，所以要着重进行临考前的积极心态的培养与引导；而对期末考，学生都已有相关经验，因此重点应转向就上次大考的经历，总结和反思学习方法、复习方法、应试技巧等。

4. 高一新生的适应性教育、集体主义精神教育、理想教育等都是复杂的德育大课题，不可能通过一节班会就可以简单解决，而必须通过多次的、反复的教育，从不同的角度、依托不同的形式进行多节班会设计，在实践上进行强化，才能达到预期效果，否则这些教育重点都会成为一次过的"面子工程"。

环环相扣、层层推进的系列设计班会，更符合高一学生的成长特点；这也最能体现班主任的学识修养和经验积累。作为班主任，要认真研究主题班会的设计，通过系列化设计，实施科学的主题教育，不断提高班主任的专业化水平。

开展集体活动 凝聚班级活力

钟海燕

俗话说："人心齐，泰山移。"班级凝聚力的大小，直接影响着学生是否能心情愉快、积极主动地学习、生活，对整个班级的学业成绩及精神面貌也有极大影响。那么如何增强班级凝聚力呢？实践表明，开展丰富多彩的集体活动是增强班级凝聚力的一种有效手段。积极参与集体活动，有助于班级成员明确班级目标，提高班干部的协调组织能力，充分发挥学生主体作用，培育团结协作的集体精神。

一、开展集体活动，制订可行目标，建立班级自信

车尔尼雪夫斯基说："没有目标，哪来的劲头？"参与集体活动前要设立一个努力就可以达到的目标，且这个目标的实现路径必须是可视化的，让学生明显感觉到沿着这种路径，目标是可以实现的。而目标实现路径可视化，可使学生的劲头更大。

2019年9月，我接手了一个高一年级的"平行班"，全班47位学生大部分来自增城、从化、花都等远郊，学生较为淳朴腼腆，相对于同层次的班级来说，综合素质方面稍弱。但就是这样一个看起来非常"平庸"的班级，后来却取得了一系列亮眼的成绩。我想，这得益于我们提早树立了科学的目标。

早在军训开始时，我和同学们就共同制订了"内务评比保二进一、会操保二进一"的班级目标，提出了"我的能力可能不是最强的，但我是最认真、最努力的，我要成就最好的自己"的行动口号，大家信心满满，跃跃欲试。然而，"理想很丰满，现实很骨感"，军训第一天，班级内务就被扣了19分，是同年级里唯一被扣10分以上的班，这严重挫伤了同学们的积极性，相当一部分同学因此心灰意冷，认为目标就是个虚无的幻象。为此，我利用晚训间隙，和同学们认真分析了扣分原因，又做了一番思想动员和个别谈话，让同学们重新鼓起奋进的勇气。

很快，大家就重树信心，对班级事务建言献策，宿舍之间相互支招，通过集思广益，确立了班级管理的实施方案，并将每一项任务都落实到人。军训第二天，班

级内务果真大有进步，扣分大大减少。同学们尝到了甜头，劲头更足了。趁此机会，我又和同学们商定了"扣19分—扣分大大减少—不扣分—加分"的实现路径。经过大家的努力，在内务评比的最后一天，我们班内务加了19分，获得年级军训内务评比一等奖。也正是在共同目标的引领下，在军训会操中同学们虽因紧张而发挥失常，但仍然获得了二等奖，圆满实现了军训开始时设立的目标。通过艰苦的军训磨炼，我们的班级凝聚力初步形成，同学们信心增强，开始为"成就最好的自己"而努力。

自此，在开展每一次的班级活动之初，我都会和同学们共同制定目标，确定实现路径，以取得理想结果。如在同年9月份举办的合唱比赛中，我们班从年级赛到校区选拔赛，一路过关斩将，最后冲入集团合唱总决赛，并获一等奖第一名佳绩。在10月份的体育节上，我们班再次获得整个集体项目（跑步操、队列入场式、武术操、体操）的第一名。在理想目标的引领下，全班同学奋勇争先，不甘人后，整体学业成绩一直高于同层次班级。

二、参与集体活动，激发学生潜能，培养责任担当

集体活动给学生提供了展示才能的舞台。通过这个舞台，可以充分调动学生的主观能动性，挖掘学生潜能，让学生从中树立责任感、获得成就感。

2020年9月我接手了一个高二年级的历史班，全班25个女生，5个男生，大部分来自高一入学时的铁英班、重点班。这个班的学生一方面多才多艺，但数学基础较弱，对数学的畏难情绪比较严重，自信中又带着或多或少的自卑；另一方面，喜欢看书但不太容易听取师长意见，自傲中又有点自负。在艺术节中，同学们的节目因是自己作曲并配以创意杯子舞，获得年级二等奖，并被推荐参加校区选拔。我们认识到，根据节目现有水平，要想通过校区选拔，进入番禺三个校区的表演大舞台上，在编曲、填词等方面都必须进行大量的修改和精心的打磨，而此时离选拔赛只剩不到两周的时间，同时一个月后要进行三校联考，联考成绩又涉及分班。在此关键时刻，我们怎么办？班干部们经过多次讨论，一方面根据每个同学的特长，制订了艺术节分工合作方案；另一方面，为了不让任何一个同学在学业成绩上掉队，针对班级大部分同学数学基础较弱的实际情况，我们采取"每日一题，每日进步一点点"活动，每天限时15分钟做一道中低档难度的数学题，利用课余时间由每个同学轮流讲题。同时对3个后进生进行"一对一"帮扶，以确保每一位同学都不掉队。

一切都在紧张而顺利地进行中。一天早上，填词总负责人龙同学突然要请辞，不想负责填词工作了。我非常纳闷，当初龙同学可是第一个来报名的。我想她是不

是遭遇了什么意外？经了解，得知龙同学目前感到压力重重，原因一是在填词过程中，与其他同学意见不统一，她认为她自己比较有经验，而其他同学都没有类似经历，因此应该听她的，但其他同学偏不听；二是近期她们家亲子关系比较紧张，她家是重组家庭，上周末她跟阿姨说被子短了，要换被子，阿姨说了她两句，她觉得很委屈，觉得自己没错，为什么要挨批评；三是近期在学习上压力比较大，数学课上有些地方听不懂，有时静不下心来做作业，而她爸爸要求很高，要求她每次大考排名必须在两校区历史班前10名，达不到就会被无休止地批评，她感觉很急躁也很迷茫。我在仔细了解了上述情况后，给了她以下几条建议：一是明确这次任务的目标，怎样才能达到目标，同时把自己已有经验的事实淡化，真诚地与同学讨论，认真听取同学意见；二是换位思考，如果阿姨是亲妈，你是否也会因这几句话就感到委屈，另外要清楚每个人都是家庭的一分子，都应承担相应的责任，自己是否尽到了责任？三是课堂上听不懂时，课后有没有采取相应措施补救？听完我的建议，龙同学恍然大悟："老师，谢谢您！从来没有人教过我这些为人处世的方法，我知道该怎么做了。"说罢，龙同学一身轻松地回去上课了。一周后，她们交上了令人非常满意的作品。

2020年12月底，完全由同学们自己作曲作词的原创作品《一七一起》通过校区选拔，并在番禺三个校区的艺术节表演中大获成功，赢得了师生们的肯定。一个月后，三校联考如期而至，我们班也如愿取得优异成绩。我想，这一切，与我们强大的班级凝聚力是密不可分的。在未来的工作中，我们将继续激发班级活力，发挥集体智慧，去实现更高远的人生目标。

心理健康

初一年级心理危机个案分析

苏宜欢

一、基本情况

小欣，女，13岁，初一年级学生，去年11月因为自残而被班主任推荐到心理咨询室进行咨询。从班主任处了解到，小欣的成绩在班上属于中下水平，在班级中并不活跃，有几个好朋友但彼此了解不是很深入。她的家庭背景很复杂，目前她由阿姨在照顾抚养。

小欣对自己的现状不满意，主要是觉得学业压力较大，家庭对其要求较高，好像除了学习，家里没有其他的话题，觉得很厌烦，不想与家人说话；在学校里没有知心朋友，想结交几个好朋友，却又不知道该如何与其他同学成为朋友。自伤是因为感觉压力很大，无处宣泄，不知道该和谁倾诉，就不自主地拿剪刀划伤了自己的手。在自伤的时候并没有知觉，事后才觉得后怕。共发生过两次自伤行为，一次是小升初面试失败后，一次是期中考试成绩公布后。

小欣的阿姨说，小欣是她在旅游的时候抱回来的孤儿，由于当时她的妹妹还没有小孩，就放在妹妹家寄养，现在则跟随她自己，由她自己照顾。平时对小欣很好，要求都能满足，但到了中学后，由于学业压力增大，考虑到小欣学习基础不好，因此为小欣报了很多补习班，导致小欣基本没有休息的时间。不知道小欣为什么会选择自残自伤。

二、案例分析

1. 个人因素

小欣进入青春期后，自我意识开始发展，但由于家庭关系复杂，使其对自身角色认识不清。同时，由于在其成长过程中，家人几乎只关心其学业成绩，没有人对她的人际交往、挫折应对等进行教育和引导，导致她进入初中后适应困难，不知怎样处理同学之间的关系，遇到问题和挫折时不知该如何处理，最终只能采取自伤的办法解决。

2. 家庭因素

小欣的身份定位在家中很模糊也很敏感，家长并不想让孩子知道自己的身份，由此导致家庭中各种关系的边际不明显，姐姐和妹妹在照顾小欣的时候也没有明确分工。另外，在照管小欣的时候，两人都太过于注重孩子的成绩，而目前两人都有了自己的小孩，对于小欣的照顾和关怀自然就有所减少。这才导致小欣在家庭中没有归属感和安全感。

3. 集体因素

在班级中，小欣的朋友不多，知心的更少，而小欣自己也没有掌握与其他同学交朋友的方法。同学们则觉得小欣的行为有些不合群，不太愿意跟她交往，这也导致小欣在班级中显得格格不入，在日常的学习生活中比较孤单，缺乏集体中的支持系统。

三、辅导策略

（1）在个人方面，使用一般化技术，使小欣认识到在进入初中后一时难以适应是正常的，在遇到问题时可以主动寻求老师、同学和家长的帮助：在学习上，主动向科任老师请教，及时查缺补漏；在集体生活中，敢于表达自己的诉求，也敢于对自己不能接受的事情说"不"；而对于在家庭中如何表达自己的诉求，老师也给了相应的方法。同时，老师还教会了小欣一些放松的方法，并告知她在遇到解决不了的问题时，一定要学会向老师或家长求助。

（2）在家庭方面，建议家长带小孩到专业机构进行检查。经过咨询师与家长的详细交流，初步达成了一致意见。首先，家长需降低对小欣学习的期望，减少其一部分课外辅导班，让小欣能重回正常的生活之中；其次，家长在家中要充分接纳小欣，让小欣感受到无论在什么时候，家庭都会接纳她，如此一来可重新建立家庭支持系统；最后，家长也要学会与小欣沟通和交流，要多一些耐心。

（3）在班级方面，通过班主任的帮助，请宿舍同学更多地关心小欣的日常生活，防止自伤自残事件再次发生。同时也请其他科任老师更多地关注小欣的学习，加强面批与辅导，帮助其尽快适应中学学习和生活。

四、辅导效果及反思

经过三次专业的心理咨询，以及在班级科任老师的共同努力下，小欣的心理状

态有了较大改善,脸上经常能露出笑容了。小欣告诉咨询师,现在家里的氛围也有了很大改善,家长不再整天和她谈论学习,而有了其他更轻松的话题,她也更愿意和他们聊天了。同时,周末的辅导班也由原来的四个减少为两个,这让她感觉生活轻松了不少,对初中的学习更有信心了。后续咨询师与小欣就其人际交往问题进行了探讨,主要讨论在人际交往中如何表达自己的想法与意愿,这让小欣对未来结交更多的朋友充满了信心。

在上述案例中我们看到,家庭环境和家人支持对孩子的影响是巨大的。如果在家庭中能给孩子以包容和支持,孩子就会有勇气和动力面对生活和学习中的各种困难、挫折,在遇到自己解决不了的事情时能学会求助。反之,如果家长只看重学业成绩,忽略孩子的情绪与心理需求,那么孩子在成长过程中就会面临重重困难,当遇到重大挫折时就有可能采取极端的办法。

根据马斯洛需求层次理论可知,只有满足了孩子爱与尊重的需求时,孩子才会有动力追求自我实现(提高学业成绩,达到自己的人生目标)。如果家庭和学校中都不能给予孩子心理满足,他们就有可能通过其他途径如网络或到社会上去寻求帮助等,从而可能因此陷入危险的境地之中。

可见,只有当家庭和学校紧密联系,加强沟通,尽量给孩子创造包容、接纳、温暖的学习和生活环境,学生才有可能更健康、积极地成长。

基于优势视角理论的情绪困境学生心理干预例析

吴小琴

一、优势视角理论

优势视角理论的基本假设是每个个人、团体、家庭和社区都有优势，所有的环境都充满资源。优势视角理论关注人本身的内在力量和优势的资源，关注的焦点是人们本身及其环境中的优势和资源，而不是问题和病态。在优势视角下，个体及其周围的环境和资源是充满正能量的，是可以改变的，应该充分调动整个系统中的能动性。

作为教师，要在优势视角下以一种善于发现困境学生资源的眼光来看待他们，帮助他们一起发掘其所拥有及其周围环境所具有的优势资源，并辅助他们学会充分运用自己的资源来改变现状。要鼓励他们摒弃之前对自己的不正确的认知，从根本上悦纳自己，找到自己身上的闪光点；同时也要促进他们身边的环境以优势视角接纳他们。在优势视角下，我们最应该做的是让困境学生明白自己真正需要的是什么，然后和他们一起寻求周围的资源，以争取更大的进步与改善。优势视角理论也认为，在分析造成困境学生现状时，要联系他们所在的整个系统，包括家庭、学校、社区甚至社会，在寻找解决策略时也要以全局的眼光来看待，充分调动与整合周围的环境系统，发挥周围资源，为其改变做充足准备。

优势视角理论的内核是抗逆力，抗逆力分为外部支持因素、内在优势因素和效能因素。抗逆力是一个个体与环境的互动过程，通过为个体提供稳定的外部支持因素，可以帮助困境学生发展其内在的优势，从而提升其解决问题的能力和交际能力。

二、个案干预

(一) 个案背景材料

小鑫(化名),男,14岁,初二学生,父母在其3岁时离婚,现和母亲生活。父亲自和母亲离婚后就到外省工作,并成立了新家庭,一直与其无联系。母亲再婚后又生一弟弟(现1岁多),平时小鑫一个人在学校附近的家里居住,偶尔舅舅会过来帮其做饭。母亲和弟弟、继父生活在另外一个区,周末的时候会回来陪他。小鑫和其继父关系非常糟糕,在学校也没有要好的朋友,学习成绩较差,行为冲动,有暴力倾向,曾拿刀威胁同学,在家里曾有好几次因和母亲发生冲突跑到楼顶说要自杀,说他死了妈妈也就解脱了。

(二) 优势视角下个体情绪困境成因分析

1. 个人内部因素

正处于青春期,认知水平较低,存在错误的认知偏差,一直认为父母不应该离婚,尤其是母亲不应该再婚;个性内向偏执,对自己的家庭情况比较敏感,和同学在一起时比较自卑,依赖感强;持久的负性情绪记忆,缺乏安全感和家庭温暖感,比较孤独。

2. 家庭、同龄群体、学校、社会环境为主的外部系统

家庭不健全,缺少家庭的情感温暖和支持。母亲要求高,对孩子的评价多为负性评价,只关注学习成绩,忽略其心理需求;在沟通方式上采用的是单向灌输式,经常使用威胁性的话语和不合理的方式,如"你要是不好好学习就……""你应该……""我所做的一切都是为了你",等等。同时,母亲自身情绪也不稳定,抑郁、焦虑,生活压力大,经常感觉到很无助。由于小鑫的多疑、敏感、粗暴,在学校同伴认同感和接纳度较差;整个社会环境对其抱有同情心,但因其行为表现不佳而招人嫌恶或冷漠待之。

(三) 干预目标

在和被干预者建立良好的辅导关系之后,老师建立了如下干预目标:第一,帮助其认识到自己的优势,激发其对生活及学习的希望;第二,重构被干预者周围的社会支持网络,让其生活的环境充满正能量;第三,引导被干预者母亲及其同伴、老师用积极向上的眼光来看待他,慢慢发现其身上的闪光点。

(四) 干预过程

1. 对个体的干预

与被干预者建立信任关系,并给予被干预者无条件的关注与理解,进入被干预者的生活和学习情境,保持同理心,了解被干预者所要表达的心理诉求。如小鑫觉得很孤独、无助,没有朋友,家里也没有人关注和陪伴他。他觉得是继父抢走了妈妈,心情很糟糕,很多时候也知道妈妈不容易,但又很希望妈妈能陪伴自己。妈妈总是责备他,明明自己喜欢玩模型,也做了很多,但妈妈从来不夸奖自己,甚至说做这个有什么用,做得再好也不能考上好大学。由于学习和生活上的很多问题自己都解决不了,导致他很羡慕其他孩子。这样通过被干预者的讲述,知晓了被干预者的生活经历和要求后,引导被干预者努力发现自己的优势和特长,进而发挥出来,从而重拾自信,认识到自己的价值所在。之后,通过沟通,发现被干预者画图能力和动手能力很强,在初一阶段还没有学习物理知识时,已经能用物理知识画模型图,自己制作模型,但妈妈从来不把这当回事,甚至把他的所有模型都砸了。但他真的很喜欢做模型,因此总是在妈妈不在的时候偷偷做,这能让他体验到一种成就感,甚至萌生了以后要去学设计的念头。这样通过引导被干预者倾诉,发现其优势所在:懂事、洞察力和现实抗争力强。

2. 家庭干预

由上可见,孩子的问题主要源自于母亲对其不正确的应对方式。为此对家庭进行了干预,在孩子母亲倾诉了一番自己的艰难并表示理解之后,引导她发现自己坚强、抗挫能力高、果断等优势能力所在,激发她在努力打拼为孩子创造优越物质条件的同时,多关心、陪伴孩子,多倾听孩子的心声,多寻找孩子的优点,多赏识和认同孩子,以使孩子在发挥自己的兴趣特长时找到自信,并将之迁移到学习和生活领域。在干预中还鼓励孩子母亲和父亲联系,让孩子获得父爱和父亲的支持。同时,在学校邀请10位特殊家庭的家长开展了亲子游戏活动,并建立了微信群和QQ群,一起探讨孩子的教育问题。为了帮助孩子建立自信,要求多谈孩子的进步,少谈孩子的不足,从而进一步纾解自己作为家长的情绪压力,也慢慢暗示自己多去发现孩子的优点和进步,改变自己与孩子的应对方式和沟通方式。

3. 学校和同伴干预

在学校要求老师多关注学生的心理健康,尤其随着特殊家庭学生人数的增多,对这些学生更应给予重点关注,发现他们的心理诉求和个性特征,多加鼓励和支持。利用班会课和心理课,学会让学生接纳他人、理解和尊重他人;在班级安排一些任务给他们,让其体现自身的价值和成就;鼓励他们参加学校航天模型等社团,展示自己的才能。

同时,将具有相同困境的10位学生组成一个小组开展活动,例如通过讲述"我做过的最自豪的一件事",引导他们回忆过去成功的经验(I can),帮助他们建立自信,鼓励他们迎接未来的挑战;通过抛线球的游戏,加强组员间的连接,形成自己的支持系统,并向学生传递从家长处收获的支持力量(I have);通过游戏"我的T-shirt"随意涂画,发现各个学生的性格特点、爱好(I am);设置现实的困境来让学生面对和解决,进而提高学生的归属感、效能感和乐观感。

4. 社区支持

学校和梅花街思媛社工服务中心合作,免费为困境家庭提供心理援助和咨询,定期为这些孩子开展亲子活动和游戏,并让他们参加社区组织的手工制作、调查、寻访活动,帮助他们融入社会,在社会中学会和他人沟通,在活动中发现自己的优势,体验自身社会价值。

干预中期,母亲对小鑫越来越接纳,父亲也主动给孩子打电话,赞扬孩子物理学得好,做的模型好,并承诺会经常给他打电话,指导他制作模型。小鑫的情绪也稳定了很多,觉得很开心,在学校的表现也越来越好,还结交了自己的朋友。同时,他也尝试着去接受继父和弟弟,对自己也越来越有信心。

干预后期,小鑫说了这样一段话:"妈妈现在尽量找时间陪我,我觉得没有那么孤独了,当我遇到问题的时候我也愿意和妈妈说了,她也不再像以前那样只知道责备我,开始关心我在想什么,我开不开心。我会尽量照顾好自己,好好学习,不让妈妈和爸爸失望。我喜欢呆在学校,学校有我喜欢的老师和同学。我也会继续学习模型制作,把爸爸遗传给我的天赋发扬光大。"

(五)干预效果评估

(1)被干预者自身评价:没有像以往那样情绪波动大了,家庭生活和学习上的变化让被干预者感觉安心,能够较为顺利地适应学校生活。

(2)班主任的评价:在班级里开朗多了,能主动和他人沟通,积极参与班级活动,在学习的态度上也发生了很大变化。

(3)母亲的评价:能主动与她交流,说出一些自己心中的想法,能主动关心妈妈,问一些有关妈妈的情况,再没提过自杀的事,开心多了。

(4)心理测验结果:SCL-90测试除焦虑2.2外,其余各因子分均在常模范围之内。焦虑自评量表(SDS)标准分下降,显示正常。

(5)干预者评估:通过回访和跟踪,被干预者主要的家庭关系问题得到较为明

显的改善,自杀倾向和情绪问题基本消除,认知模式有一定程度的改善和提高,自信心和社会适应能力有所增强,干预目标基本达成。

三、总结与反思

首先,要帮助和推动困境学生走出困境,学生自身需转换认知和增强抗逆力,接受家庭现状,积极面对生活中遇到的困境,挖掘自身优势,有需要的时候向身边的人和专业人士求助,获得必要的外部支持。

其次,学生陷入困境很大一部分原因在家庭,家庭中的人际互动模式、家庭成员的情绪情感、压力、应对方式等,都会让孩子模仿习得或者传递,因此帮助困境学生摆脱困境家庭是关键因素。家长在指责孩子的同时需要审视自己的行为和情绪,内省自己在面对困境时的应对方式和所持有的观点,提升自己的抗逆力,传递积极正能量,切忌将大人的矛盾和冲突强加在孩子身上,让孩子背负这个年龄所不能承担之重;在家庭人际互动中,家长应多关注孩子的内心需求,学会倾听孩子的心声,理解和尊重孩子,站在孩子的角度思考问题,帮助孩子一起面对生活、学习中遇到的困难;在生活、学习中学会发现孩子的优势和特点,多鼓励和支持,构建良好、和谐的家庭氛围;多和学校沟通,了解孩子的成长情况,让孩子感受到来自家庭的温暖与支持;不把自己当弱者,善于利用身边的资源,获得自身的社会支持系统,保持自身的心理健康与积极的心态。

再次,中学时代影响学生的重要他人主要是同伴,因此,要利用同伴的力量影响和鼓励困境学生,帮助他们走出困境。学校要利用一些团体活动,让这些孩子在团体中获得同伴的认同和肯定,以利于增强他们的自信和抗逆力。教师要多关注和鼓励这些孩子,给这些孩子以必要的社会支持。

最后,社会对这些特殊家庭应采取一种开放的态度。因为这只是生活方式的不同,他们需要的不是同情和怜悯,而是宽容和鼓励;对于困境学生家庭,学校和社区应联手创造一种积极的氛围,为孩子的健康成长铺路搭桥。

参考文献:

[1] 王亮. 优势视角理论国内研究综述 [J]. 社科纵横, 2018, 33 (12):73 – 76.
[2] 朱萍. 优势视角下的单亲家庭治疗 [J]. 考试周刊, 2011 (17):216 – 218.
[3] 武海婷. 中学后进生个案工作探究:基于优势视角社会工作模式 [D]. 苏州:苏州大学, 2014.

学生心理辅导个案分析

徐 娜

一、案例描述

小哲，男，刚入读初一，是一个有强烈自尊心和胜负欲的学生。他性格阳光开朗，但缺乏自信心。学习意愿较强，但学习态度和努力程度易受同学、父母、老师对自己评价结果的影响，常常既自负又自卑。于是，在学习过程中，偏向于学习自己的优势学科，乐于从中找寻自信心和价值感，而对弱势学科则避而不学，认为已成定势难以改变。如此一来，导致对弱势学科的兴趣逐渐减弱，厌烦感与日俱增，偏科现象严重。

在学校，小哲和同学、老师相处和睦。课下，他乐于和同学交往，也乐于和老师交流。喜欢得到老师和同学的关注、欣赏，但不敢主动表现自己，对自己的言语和行为缺乏自信心，却又渴望得到老师和同学们的认同，否则会感到自尊心受挫。平时的学习任务和家庭作业都能认真完成，但在弱势学科的课堂学习中经常注意力不集中。

小哲的爸爸长期在外地工作，对孩子的关心和关注较少，每次回家后会向小哲了解其学习情况，也会批评他对弱势学科没有好好用功。小哲爸爸的教育方式较严厉，这导致小哲平时更听爸爸的话，因为他害怕爸爸的批评。小哲的妈妈陪伴小哲更多，教育方式较温和，以关心和询问情况为主，小哲不太听妈妈的话。

由以上可以看出，小哲为满足自己的自尊心和价值感，在学习上存在趋优避弱心理，乐于学优势学科、消极对待弱势学科的学习态度，导致偏科现象越来越严重。

二、成因分析

1. 低趋高避型人格

小哲的自尊心和好胜心很强，需要时刻保持自我价值感，接受不了挫败感。所

以,他在学习过程中总是以维护、保持自尊心和自我价值感为主要目标,只追求好的结果,接受不了坏的结果。于是他更趋向于从优势学科中获取满足感,逃避弱势学科给他带来的挫败感。

2. 学习动机过强

小哲的学习动机属于外部学习动机,以寻求学习所带来的荣誉、师长的肯定、同伴的赞赏,以及群体关注度为主要学习动力。但正是由于他的学习动机太强,太重视和渴望得到外部的关注,导致他更加害怕自己获得相反的东西,如学习不好时,可能被师长批评、同伴奚落等。

3. 家庭教育方式存在偏差

父母以批评式教育为主。尤其父亲平时在外工作时间较长,对小哲平时学习过程的关心和参与较少,只注重对小哲弱科的成绩进行评判和批评,认为这是他不用功、不努力的结果,所以才会考得比别人差。小哲的母亲认同小哲父亲的意见,平时在陪伴过程中也会像他父亲一样反复强调"这个学科你学得差,要好好学"。如此一来,导致孩子越来越厌弃弱势学科。

三、辅导策略

作为小哲的语文教师,恰好又碰到小哲最弱的学科是语文,我想无论如何都要帮他扭转过来。针对上述小哲的基本情况、问题和成因,我从学生和家长两方面着手,采取了以下措施来对他进行心理辅导。

1. 帮助学生进行认知调整

有一天放学后,我找来小哲,和他进行朋友式的聊天。起初,小哲有些紧张和不安,因为他害怕弱科老师找他谈话。于是我说:"我是你们的语文老师,但今天我们不聊语文,我们聊聊别的学科吧,比如你最喜欢的学科。"小哲略显吃惊地和我说起了政治、体育和数学学科,还越说越起劲,在说到每次背政治内容都比别人快,每次体育课跑步都把同学甩在后边时,脸上溢满了欣喜和自豪。我边听他诉说边赞叹:"真厉害!老师都做不到。"等他说完后,我说:"看来你是个胜负欲很强的人啊!但奇怪的是,像语文这么简单的学科你怎么不也征服一下呢?"小哲立刻说:"老师,语文我学不好,我爸妈也说我怎么学都差。"说着脸上的表情开始变得失落。我立刻做出吃惊的表情,说:"不会吧!那你爸妈应该是误解你了!你刚才跟我聊天时语言流畅、用词准确,一看就知道语文能学得很好!你看,在找来谈话的同学中,也没几个像你表达能力这么强的。"小哲听罢显露出一点笑容,说:"可我就是学得差呀!"我说:"刚升初中是全新的起点,你思维这么活跃,语言表达这

么好，语文学科潜力很大呀。不信，我们做一个约定，你以后每节课发一次言，向同学秀一下你的思维和语言能力，看看我有没有说错。"小哲很开心地同意了。

2. 及时与家长商定教育方式

与小哲谈话后，我立刻给他妈妈打电话，向她描述了我通过谈话了解到的小哲的性格特点，并告诉她在我看来小哲完全能学好语文。家长感受到我对小哲的了解和重视后，开始和我分享他们平时对小哲的教育情况，问我是否有什么建议。为此我顺势说，按小哲的性格特点，他更适合以表扬的方式去教育，以激发和培养他对弱科的学习兴趣。家长听后表示认同，并称一定积极配合老师。于是，我让家长即时给小哲发信息，转述老师对他的赞赏和认可，并及时对他进行鼓励，以达到心理激励的一致性。之后每当小哲在语文学习中稍有进步或表现良好时，我都会告知并叮嘱家长再转达一次老师对他的表扬，并及时给予肯定和鼓励。

3. 替代强化和正强化相结合

在和小哲谈话时，我向他讲述了之前一个和他类似的学生语文成绩由倒数变成位居前列的故事，以真实案例来进一步激发和强化他化弱为优的信心。之后小哲每次在课堂上发言，我都会从中找出一处优点来进行点评和表扬，并让同学们在他发言的精彩处鼓掌。另外，我也安排小哲做一些学科任务，如收发作业、担任背诵小组长等，让他从心理上感受到老师对他的重视和重用，从多个方面强化他对语文学科的学习兴趣和投入程度。同时，也通过不断地强化，帮助他提高自我效能感，逐步树立对弱势学科的学习信心。

4. 引导其逐渐把外部学习动机转化为内部学习动机

在长期且稳定地获得来自老师、父母、同伴的肯定和赞赏后，小哲的外部学习动机在很大程度上得到了满足。此后，我在平时的交流中开始慢慢引导他将注意力转向对学科本身的兴趣上来，以使他未来对语文科目的学习兴趣和学习动机能更稳定。

四、辅导效果及反思

从小哲平时的表现和家长的反映看，小哲对语文这一弱科的学习兴趣和学习成绩得到了显著提升。课堂发言次数增多，课后与老师沟通和请教的次数也多了，作业完成的质量较以往更高，在家会和父母主动聊起该学科的学习内容和相关兴趣点。在面对弱科学习时，已从心理上逐渐克服畏难、避弱心理，变得更加自信。

通过对小哲的辅导，我更加深刻地体会到，教师在帮助学生解决学习方面存在的问题时，要由表及里、探根溯源，透过问题本身去寻找学生可能存在的心理问题，及时对学生进行心理辅导，帮助他们调整学习心态，克服心理障碍，获得全面发展。

青春期叛逆学生转化一例

邱杰平

一、案例描述

男生小李，13 岁，初二年级，上课无精打采，对老师布置的作业置之不理，甚至旷课逃学。由于上课不好好听讲，经常因为纪律被老师点名批评，作业也难以按时完成，考试成绩在班级倒数。坦言对学习已经失去了兴趣，只想初中结束后找个职业学校完成后续学业。与同学关系很紧张，爱说脏话，爱给同学起外号，背后搞恶作剧，班主任老师经常收到关于他的投诉。对于老师的劝诫和教导，小李往往采取无视的态度，自以为是，顶撞老师也是常态。对父母态度恶劣，叛逆心理强，情绪非常不稳定。在矛盾突出的时候，对父母甚至恶言相向，离家出走。课后沉迷于电脑游戏和网络小说，老师和家长对其多次加以管教却收效甚微。

二、辅导过程

1. 及时了解原因

虽说青春期孩子表现出一定的叛逆情绪是正常现象，但小李的情况过于严重了。为此，我们决定先找出孩子叛逆的根本原因。在与其父母的交流中，我们了解到由于父亲脾气比较暴躁，其与父亲关系极差。此时我们也向家长反映，孩子在班上也提及过父亲的种种不是，并对此表现出极大的反感。其父听后感触很深。我们也婉转提出建议，希望家长能树立榜样，多关心孩子的学习生活。面对老师真诚的建议，该生父母触动很大，意识到作为家长，他们确实对孩子关心不够，这对孩子的健康成长极为不利。

2. 勤加沟通鼓励

孩子叛逆，必然有其难以解开的心结，因此与其谈心交流是首先要做的事。为此我们在课余时间找小李进行沟通交流。谈话内容先从父母谈起，让他先说说对父

母的看法，然后和他分析父亲脾气暴躁的原因，暗示其父已经意识到问题所在，并会慢慢改正，这样让小李在心理上先释放怨恨，逐渐消除叛逆心理。同时，针对小李学习成绩不佳的情况，多给予鼓励赞扬，让他找到自己的价值所在，这样通过正面的引导，将其注意力转移到学习上来，从而慢慢摆脱内心的怨恨情结，回归到正常的学习轨道。

3. 加强亲子交流

显然，小李叛逆的主要原因在家庭，因此加强亲子交流，帮助其舒缓家庭关系异常重要。为此，我们让小李反省自己做得不对的地方，让其认识到只有和父母多沟通，经常说说心里话，才能避免出现代沟。为此，我们建议小李给父亲写一封信，说说他对父亲的看法，并表明自己的态度，明确以后的做法和学习的目标。同时，我们也告知家长，以后在教育孩子时应避免使用打骂、体罚、哄骗、利诱、讽刺、挖苦、溺爱、迁就等错误的教育方式。

三、案例反思

叛逆是中学生中较为普遍的一种心理现象，如不能及时引导和教育，很可能导致学生形成多疑、偏执、冷漠、不合群等病态性格，更严重者可能出现犯罪心理。实践证明，应对中学生逆反心理，家长、学校、教师都要有所"为"、有所"不为"。

一是要矫正家教方法。作为父母，应多看到孩子的成长，尊重孩子的自尊心，信任孩子，了解他们的内心世界。因为只有真正进入孩子的内心世界，才能了解他们丰富的智慧和细腻的内心，才能与孩子更融洽地相处。同时，家长要相信孩子有独立处理事务的能力，允许并积极邀请他们参与家庭的管理。比如，让孩子利用周末尝试做家长，由他们安排家庭成员的各种活动，这样不仅能展示孩子的能力，也能使他们换位思考，加强与父母的情感交流。

二是对孩子要多加鼓励赞扬。中学生阶段，学生两极分化趋势明显，与优秀学生相比，那些暂时落后的学生更需要老师的关心和教育。这时候，肯定、鼓励和表扬显得尤为重要。泰戈尔说："聪明的人懂得如何教育，愚昧的人知道怎样打击。"教师要多找那些暂时落后的学生谈心，帮助他们树立"我能学好""我能成功"的信念，让他们真正感觉到老师在关心他、帮助他，永远不会放弃他，这样才能从根本上消除他们的逆反心理，促使其尽快转变。要用积极、鼓励的教育方式代替简单、粗暴的教育方式，因为表扬、赞美是一种认可、肯定，更能使孩子朝着积极健康的方向发展。

三是要加强亲子沟通。加强亲子沟通能让青少年了解家长的想法，让其学会换位思考，对社会建立正确的认知。只有当孩子清楚地知道家长为什么要那样做，他才能从积极的意义上去理解家长，以一种宽容的态度理解他们，从而虚心接受老师和父母的教育，遇事时也能先让自己冷静下来，克制烦躁和倔强的情绪。当然，在孩子不顺心的时候，家长和老师也要教给其必要的情绪纾解办法，而不能用强制的办法让其"咽"下那口"恶气"。

在教育孩子的问题上，由于学校和家庭的目的是一致的，所以在面对青春期孩子的叛逆心理问题时，家校合作尤为重要。只有在学校、家庭的共同努力下，学生才能尽快走出青春期的沼泽地，走上阳光的成长大道。

陪你走出情绪"雨季"

张 恒

接到小欢爸爸求助信息的那一刻,老师们都有点意外。据她爸爸反映,近一周来孩子在家不跟大人聊天,总把自己关在房间里,晚上迟迟不肯入睡,早上拖拖拉拉不肯起床,白天饮食没胃口,作业质量有所下降,个别科目的作业因为没完成甚至不交。尽管因为疫情原因,我们实行的是在线教育,但此前孩子各方面表现都正常,而近一周确实较为反常,令人担忧。据家长称,在他们主动要求交谈的时候,孩子只是默默流泪拒绝回应,家长只得心急如焚地向老师们求助。

小欢的成绩在班里属中下等,但在校表现较为平稳,与同学关系也很融洽,很少看到她垂头丧气的时候。接到信息,并确认了情况之后,征得孩子的同意,我们约了孩子面谈。

在校门口见到小欢的时候,见她穿着厚重的羽绒服,严严实实地戴着口罩和帽子,似乎既是在温暖着自己,同时也在保护和封闭着自己。见到分别两个多月的老师们,她一改往日的活力和热情,目光黯淡无神,仅维持着基本的礼貌,低声甚至有些冷漠地和我们打了个招呼。

老师们一如既往,亲切地和她聊了几句家常,陪着她来到谈心室,分坐在转角沙发上。"听说你最近状态不太好,我们有点担心,能和我们说说你现在的感受吗?"小欢闻声,豆大的泪珠无声地滚落下来。老师递上纸巾,让她先尽情地流泪,等到她情绪稳定后再进行沟通。

刚开始时小欢只是默不作声,老师们没有急躁地追问,只是平和地跟她说:作为陪伴了她两年多的老师,我们对她的状态表示担忧和牵挂,也希望能聆听她的心声,和她一起面对问题。近期也有同学陆续找老师倾诉自己的烦恼和困惑,老师们都很积极地去回应同学们,为大家答疑解惑,缓解他们的焦虑。这样先让她卸下心防,意识到自己的情况并不特殊。

在老师们真诚的关怀下,小欢开始了断断续续的自述。对于陷入情绪低谷的人来说,愿意倾诉是主动迈出了释压的可喜的第一步。我们也由此得知:开展线上学习以来，她一直难以适应，尤其是薄弱科目积累了一些疑难，但她又不愿意主动跟老师们沟通，也不愿意向家长倾诉，因为家长在家聊得最多的就是学习，这在无形之中给她施加了很大压力。近期的焦虑就是源于一次家长不成功的饭桌谈话：家长在饭桌上对她提出了更高目标的中考要求，这超出了她的能力范围，因为她很清楚自己的学习状态，恐怕连原定目标都未必能达成。这突如其来的高要求使她陷入了深深的自我怀疑与否定之中。

结合线上学习以来小欢的困惑，老师们对她的问题总结如下：一是不适应线上学习方式，学习有难度，尤其是数学和化学学科；二是缺少可倾诉的同伴，不想跟别人诉说，觉得家长和一般同学都不理解；三是没有自己特别的兴趣爱好，除了听音乐和看综艺，也不爱运动。通过谈话，我们基本知道了症结所在，这是一个相对内向的孩子在长期封闭的疫情环境下，缺少同伴交流和朋辈支持，缺乏生活乐趣，家长又对她期望过高，亲子沟通不畅，导致孩子自我价值感比较低，陷入茫然失措的境地。

针对这些情况，我们给了她三点建议：一是鼓励她多发现生活中的乐趣，比如回去的路上发现什么让自己觉得舒服开心的场景和事情，就尽量多去观察和体验。二是要在父母的期望和自己的现状之间取得合理平衡，需要自己主动去跟父母沟通，把自己的观点主动表达出来，不做生活的逃兵。三是学习上尽力而为，清楚梳理自己学习的长短板，主动与老师们沟通，慢慢开始有针对性地扬长补短。对自己有要求是好事，但无论是学习还是人生都需要张弛有度，不能用过大的压力来压垮自己。我们看到，小欢在走出谈话室的时候，步伐轻快了不少，不复有之前的沉重。

同时，我们跟孩子父母也进行了沟通，给出了具体建议：一是暂时不要和孩子再聊学习话题。先处理情绪，再解决问题。目前孩子情绪不好，家长要配合孩子调整好心情。二是要注意交流的方式，要进行成人间的平等交流，先倾听后共情，和孩子站在一起。三是梦想和现实需要平衡，父母需要客观面对女儿学习的能力，对孩子的期望要合理，任何过高的要求对孩子来说都是沉重负担。四是孩子需要好朋友共同分享心事和共同学习，家长要给孩子一定的空间，放手让孩子去参加踏青之类的活动，在户外活动中愉悦心情。五是要主动创造丰富多彩的生活，鼓励孩子享受生活乐趣。总之，一切要以孩子的身心健康发展为先。而家长在得知孩子心声之后如释重负，对老师们的建议表示认同，明确表示一定积极配合。

与此同时，老师们之间也紧锣密鼓地进行了沟通，最后形成一致意见：暂时以对孩子舒缓压力为主，多关怀沟通。薄弱科目的老师待孩子情绪稳定后，针对疑难知识点采取各个击破的方式，减轻孩子的学业负担。班主任联系孩子在校期间关系

较好的同学，要求她们主动与小欢联系，进行学习之外的沟通交流，加强同伴交流和影响。

通过家校携手，我们对小欢进行了一次成功的情绪"急救"。经过一个星期的调整，家长放平了心态，对孩子不再提出过高要求，主动带孩子外出踏青解压，让孩子能冷静地审视自己的学习状态并及时作出调整，回归到之前较为平和的状态，能主动跟随老师和同学们的步伐继续进行在线学习，为她后续的学习奠定了坚实基础。

小欢的经历告诉我们，疫情条件下，大家的生活范围相对封闭，群体交流也更加有限，家长们要加强对孩子心理的疏导，让孩子能从容应对人生路上不期而至的"雨季"。尤其是面临升学压力的毕业生在缺少释放压力的方法和途径时，更容易陷入情绪低谷。这时身边的人就要积极主动地伸出援手，真诚地与其沟通交流，找到症结所在，然后对症下药，多方"施救"，努力帮助孩子走出情绪低谷，助力孩子健康成长。

教育叙事

第一次哭泣

李春桃

突然间,我握着奖状的手开始颤抖,原本要脱口而出的赞美的话语如鲠在喉,眼泪顺着脸庞滑落——那是我第一次,在学生面前哭泣,也是我第一次萌生想要放弃的念头。

那是国庆假期前夕的一节散学班会,得知获评文明班级的喜讯,教室里洋溢着喜悦的气氛。趁着这喜气,我拿起一沓"国庆叮嘱",对学生们说:"国庆事务多,我给大家发一份假日须知,大家一一参照做好即可。"

"喔,发遗嘱。"一个男生冷不丁说。听到这话,我并没有停止手里的动作,而是继续分发。

当传到第四小组时,另外一个男生笑了起来:"哈哈哈哈,国庆遗嘱。"我终于停止发放,厉声质问:"什么是遗嘱?"他立即收起原本笑嘻嘻的神情,闷声不语。

这时,学生中突然跳出来一个声音:"死人说的话叫遗嘱。"

没错啊,将死之人说的话叫遗嘱,而我好心好意给他们发放国庆备忘,我的学生们竟诅咒我"死"。

我扫视了一圈,发现他们有的收拾物品,有的聊天,有的冷眼旁观,似乎想看看班主任严厉批评那几位"嘴贱"的男生的场面会有多惨烈。

我凝视他们,正想发怒,想想还是算了,这么好的日子,何必跟孩子怄气。于是我不断给自己心理暗示:我不能生气,不能生气。

然而,女老师总是这么"心口不一"。就在我猛地抬头时,我的心理世界突然开始崩溃,眼泪毫无防备地夺眶而出——只有我知道,我的心里有多委屈。

就这样不知道过了多久,大概是两分钟吧,这两分钟时间足够让在场的四十个学生看清我无助落泪的整个过程。

我跌跌撞撞地跑出教室,感觉身后没人追来,才放下心,抬头看着走廊对面的天空,强迫自己把眼泪收回去。可是,收住眼泪后,又一阵心痛的感觉袭来,眼泪再度滑落。原来在学生眼里,我所做的竟是如此不值得尊重。

突然,我听到有人说:"老师,对不起!我错了"。这时我才发现,"肇事"的孩子此时正站在我身后,带着哭腔说:"老师,真的对不起,我不应该伤您的心!对不起,对不起,对不起……"

这时,我的情感似乎终于找到了一个宣泄口,泪水的阀门轰然打开,我哭得更猛烈了。意识到孩子可能还在我身后不知所措,我反身用手轻轻摸了摸他的脸,摸到了温热的泪水,我安抚他说:"不关你的事,回去吧。"

两位班长这时也走了出来,在我身后正等着我回去。我忍住哭声进了课室,吩咐一位同学去关门。泪眼蒙眬中,我隐约看到学生们坐得端端正正的,那位男生一直站在讲台底下,似乎未得到我的原谅他就不敢离开。

我想,我会不会哭错了?为什么他会那么自责?后来想,既然都哭了,何不趁机教育一番?于是我断断续续地说:"谁知道我为什么哭吗?我哭,是因为你们从来没有懂得去体谅一位老师的爱意,也从来不懂得感恩身边人的付出。你们可能觉得那只是一句玩笑话,但在我看来这并不是。记得你们刚入学时,我就和你们说过,读初中,要学会做人,学会学习,学会生活。反观你们今天的表现,你们觉得自己做到了吗?并没有!你们连怎么尊重老师都还没做到,更谈不上学会怎么做人。"说到这里,我再度哽咽了。

"你们一直说我凶,可我为什么凶?你们总希望我表扬你们,但你们表现够好吗?作为老师,我问心无愧。我尊重你们中的每一个,而不会因为成绩不同而态度有别。我工作认真负责,就像今天,我已连续上了六节课,依然要回来给你们上班会课,因为这是我的本职工作。我从不吝啬给你们赞美,只要你们取得些许进步,我就会变着法子来奖励你们。但你们今天的表现让我寒心。我觉得自己用了漫长的时间,却养了一群'白眼狼'。"说到这里,我的眼泪再一次夺眶而出,以至于哽咽得说不出话来。

一位学生走上讲台递给我一包纸巾,说:"老师,别哭了,对不起。"

我抬头望去,看到好多学生也在哭,有的甚至哭得比我还厉害。

"以前你们在背后说我凶,我不会生气,因为我没有亲耳听见。但今天,是我亲眼所见,亲耳所闻,这太让我寒心了。古语说,'养不教,父之过;教不严,师之惰'。如果你们犯错了,我还不去管教,这个班级将会变成什么样?我身为班主任,是必须承担起管理你们的责任的。如果对我的管理有意见,可以当面找我沟通,也可以写信给我,只要是合理的意见,我都会采纳。但不能像今天这样,当着我的面,用不合适的话语来狠狠地刺我,伤我的心。"

教室里传来此起彼伏的哭泣声。我继续说:"我今天说这番话,不是针对谁,也不想批评谁,而是我深信,我们班的同学都是好孩子,温暖纯良,而且会越来越

好。至于接下来国庆假期要怎么做,我也不多说了,都写在这份假日须知里了。大家搞好卫生就散了吧,注意安全。"

临走时,有个学生走上来抱着我说:"老师,别哭了,我们会好好听你话的。"

晚上,有家长发微信给我,让我别往心里去,说孩子回家后都和他们说了。孩子说完还哭了很久,也很生气,因为有的同学不但不懂得老师的良苦用心,还把老师气哭了。还有一位女生给我发来很长的贴心留言,最后说:"就算有人真的不喜欢您,我们也会永远爱您!"

教育是一棵树摇动另一棵树,一颗心靠近另一颗心,一个灵魂触碰另一个灵魂。我想,就算我这一次的教育不能撼动所有孩子的心,他们终归也会有些许感触吧,或许在将来因此而大改也未可知。就像《以家人之名》里的一句台词所说:"有些长大是悄悄发生的,我们不知道什么时候长大,或许我们已经长大。"

那天之后,我经常能感受到来自学生们无处不在的小温暖,哪怕只是课间操后给我端来的一杯红糖姜水,或者只是听说我咳嗽之后给我送来的两颗润喉糖,或者是生怕我被足球砸到用手臂暖心保护着我的小举动。

我会永远记得那一天——那是我的第一次哭泣,也将会是最后一次。教育的漫漫征途上,我将继续保持热爱,奔赴山川与大海。

小林抑郁的背后
——离异家庭学生个案分析

王 雷

一、学生个案的基本情况与成长分析

（一）基本情况

小林，男，175cm，广州市某中学初三学生，父母离异，随母生活。父母离异后，父亲二婚，后育有一女。父母离异给小林带来了较为严重的心理阴影，特别是父亲二婚育有一女之后，对小林关注度不断减少，使得小林内心深处对父亲有一定程度的抵触。父母离异后小林一直跟随母亲生活，伴随着叛逆期，以及母亲工作的忙碌，母子之间的矛盾也较为突出。据班主任反映，小林在班级内人缘挺好，性格也很开朗，但是没有心思上学，厌学情绪严重，情绪容易激动，甚至无法自主控制，后来发展成为早恋。

（二）案主生态系统分析

1. 社会关系生态系统

小林的生活圈主要是在学校和家庭区域，没有太多的社会接触，父亲因为工作很忙，而且家在北京，距离广州很远，特别是有了女儿之后，几乎没有时间和精力陪伴和教育小林，所以小林对父亲有一定程度的怨恨。

小林妈妈，在医院工作，非常忙碌，经常加班加点，也没有太多时间陪伴小林，所以小林和妈妈的亲子关系也是剑拔弩张，小林经常歇斯底里地对妈妈大吼大叫，家庭氛围紧张。在校内，由于小林时常请假不上学，所以跟科任老师的关系也比较紧张，但是由于初二时班主任对他经常关爱有加，时不时和小林一起吃饭聊天，两人的关系如同朋友一般，所以小林跟班主任的关系比较好。

2. 个人生态系统

(1) 生理方面，小林喜爱运动，特别是踢足球，身体状况良好，喜欢无拘无束的生活。

(2) 认知方面，对某些问题有自己的看法，即使是跟老师或者家长聊天，也很喜欢玩"文字游戏"，阳奉阴违。

(3) 行为方面，基本上很难完成作业，甚至不能坚持上学，请假的次数非常多。经常跟妈妈吵架，甚至对妈妈有凶狠的怒视或者谩骂。

综上所述，小林本质上还是一个非常阳光善良的孩子，但是因为父母离异和叛逆期的缘故，导致小林言语比较偏激，喜欢从敌视的角度去理解老师和父母，存在一定程度的心理障碍，出现了较为严重的厌学和逃学等行为。

(三) 心理测试结果

经广州市芳村某专科医院测试，小林智商正常，情绪管理能力差，患有轻度狂躁型抑郁症。

二、小林抑郁的事件描述

1. 父母离异，感觉被抛弃

小林，从小在北京长大，爸爸是北京人，妈妈是广州人，因父母离异，五年级转回广州上小学，酷爱足球，是校足球队不可或缺的射手之一，讲着一口北京味非常纯正的普通话。因为他的兴趣广泛而受到了班级很多同学的喜爱。

初三开学初，不知为何，小林总是隔几天就请假，而且请假时长也由一开始的一天，慢慢地变成两天、三天，甚至更久。后来从小林妈妈口中了解到孩子厌学，不想继续上学了，详细了解之后才知道，父亲二婚后又有了一个小女儿，再加上工作忙碌，几乎没有任何的时间和精力放在小林身上，小林觉得自己被父亲，特别是爷爷奶奶抛弃了。

2. 开始寻找新的依恋

此时的小林情绪比较低落，恰巧这个时候一个女生走入了他的内心，她就是班长小艺。小艺的父母都是体育教师，一直主要由妈妈带大，成绩很好。他们在寒假期间交往非常频繁，几乎每天见面，不见面的时间也是通过电话或者QQ联系，他们基本上确立了恋爱关系。

本以为在小艺的引导下小林会走出阴影，但是没想到的是，小艺的父母虽然没

有离异,但是关系一直不好,所以小艺的教育几乎是妈妈一个人在负责,因性格比较暴躁的缘故,对小艺更多的是严苛的训练和责骂。

起初,两个孩子刚在一起都很开心,然而接下来的深入交往中,小艺输送给小林的更多是负能量,如父母又吵架了;回到家父母不在自己感到孤独等,而这个时候,小林的爸爸又把很多的精力放在自己重组家庭的小女儿身上,对小林的关注少之又少。就这样一次又一次,长时间累积下来,小林突然觉得自己也如同小艺一样被父母抛弃了。

3. 开始离家出走

小林觉得自己被父母抛弃了,他决定离家出走,他拿走了家里所有能找到的钱,一共1700多元,简单带了几件衣服,背上书包就走了。妈妈着急拨通电话问他在哪里,想去哪里。他说不知道,直接去火车站,碰上哪辆车就上哪辆车,庆幸的是最终他没有搭上火车,而只是一个人在街道上游荡。直到晚上十点半,妈妈拨通了他的电话,当时的她已经着急得泣不成声,乞求我打电话叫回他的儿子。我急忙拨打了他的电话,但是他却挂断了,于是我发信息给他,内容是"难道我对你悉心关照了两年,还不足以让你接听我的电话?"发过信息之后不到一分钟,他打了电话过来。这个电话打了47分钟,当然结果是好的,他听了我的话后,吃了饭并且回了家,然而也正是通过这个电话我才知道这个孩子内心深处的想法,也完全了解了他们整个家庭为何是现在这个样子。而他口口声声所说的"那个女人"竟然指的是他的亲生妈妈。

4. 患上狂躁型抑郁症

小林的种种表现让我觉得他应该在情绪处理上出现了一些问题,他似乎经不起压力或者刺激。所以在经过很多次的努力之后,他终于同意了我和妈妈的建议——一起去医院做检查。医生在询问病情时,照例问了一个问题"接下来可能会问到很多隐私,你介意旁边这两个人在吗?"他回头看了看我们,斩钉截铁地说不介意,当时我的内心有一种说不出的感动。医生拿着一份检测结果开始询问病情,然而其中一个问题和答案又一次让我震惊了。"你们家有人曾经有抑郁症吗?""有,我妈妈,不过她没有看过,后来自愈了。"但是据我所知,抑郁症是存在一定的遗传因素的,心里不禁有些担心。

检查的结果是狂躁型抑郁症。值得庆幸的是,症状比较轻微。医生要求必须通过药物治疗,务必坚持服药,并且强烈建议我们尽量减少对孩子情绪有刺激的一切事情。

5. 停药犯病

小林坚持服药一段时间之后,病情基本稳定。我们协商后决定告诉他的父亲。

他的父亲从北京赶到广州，父子俩彻夜长谈，本想有了父亲的协助一定会事半功倍，但没想到的是，爸爸觉得小林很正常，不相信生病的事实，并且告诉小林不需要吃药。

在连续几天停药之后，某天晚上，小林在房间大吼大叫，乱摔乱砸，妈妈听到声音之后推门去看，小林已经将自己的衣柜门板和侧板整个踢破，手机也摔得粉碎。他看到妈妈进来，一手夺过妈妈的手机狠狠地摔在地上，砸得四分五裂，冲着她歇斯底里地大吼一声"滚"，然后夺门而出，直到晚上3点才从外面回来。

三、探寻小林抑郁背后的原因

（一）离异导致亲子关系紧张

在小林父母离异之前，家庭还是比较和睦的，但是随着父母关系变得疏远，小林看在眼里，也就对小林的心理造成了一定的伤害。在父母离异之后，对小林的内心伤害无疑是最大的。

小林平时都跟母亲生活在广州，只能通过电话跟父亲联系，但是因为跟母亲性别的不同，随着小林的不断长大，跟母亲之间的亲子关系变得越来越紧张。特别是到了青春叛逆期之后，跟母亲争吵几乎是家常便饭，不愿意听到母亲给出的任何建议或者意见，甚至不愿意听到她说话。

正是因为跟妈妈之间的关系越来越糟糕，所以每年寒暑假小林都总是早早就跑回北京跟爷爷奶奶、爸爸一起生活。虽然时间只有短短的几十天，但足以看出小林对完整的家庭关爱的渴望。他希望在北京能够获得他在广州无法获得的理解，然而，由于距离的原因，父亲和小林之间见面的次数、联系的频率也都在不断地下降，这也导致了父亲对小林的了解更多也只是还停留在小学他跟小林母亲离异时的阶段。伴随着父亲的不了解和小林的叛逆期，父子关系也出现了问题，所以每年寒暑假去北京，没几天就会跟父亲因为各种事情而发生争吵，经常都会不欢而散，小林更多的都是跟爷爷奶奶在一起，因为爷爷奶奶不会说他的不是，唠叨他，抑或挑剔他的毛病。

（二）母亲放任的家庭教养方式

小林跟随母亲一个人在广州生活，广州是一个生活节奏非常快的城市，母亲一个人要养育小林，同时还要承担房子等其他方面很多的经济压力，所以母亲工作一直都非常努力。而且小林母亲的职业是医生，工作极其忙碌，工作时间也经常不确定，甚至晚上和周末都经常需要加班，也经常被医院打电话要求回去加班给病人做

检查、出急诊，由此一来她跟小林一起相处的时间非常有限，小林的生活更多的都是自己一个人，吃什么玩什么都由自己决定，母亲能够给的就是足够的生活费。小林开始喜欢各种模型，花大量的时间和精力在游戏和模型上。

在初三之前，每年寒暑假小林都会回北京，跟爷爷奶奶爸爸一起生活，但是自从爸爸二婚之后，家庭的环境和人员变了，加上爸爸对长大后的小林的不了解，他们之间的沟通也变得越来越少。特别是在爸爸二婚生了女儿以后，身处北京的爸爸，无疑肩上的压力大了很多，工作也变得更加忙碌，全国各地的出差更是家常便饭，对小林的关注度急速下降，几乎已经无暇对小林进行教育，爷爷奶奶因为年纪较大，对小林的教育少之又少，所以寒暑假小林虽然离开妈妈去了北京，但是也并没有借此机会接受到好的家庭教育和家庭关爱，只是换了一个见不到母亲的地方继续放任自己而已。

（三）早恋对象的不良影响

小林的早恋对象小艺，父母虽然没有离异，但是家庭关系并不和睦，所以小艺接触到的更多的也是家庭关系中的负面能量。小艺的母亲是一名体育老师，性格比较急躁，由于教育孩子的重担长期以来落在她一个人身上，父亲几乎不管，所以经常带有一定的个人情绪，对小艺的教育更多的只是指责和谩骂。

然而，此时的小艺，无疑是小林情感唯一的宣泄口，但是他从小艺那里获得的却完完全全都是关于父母和家庭的负能量。因为小艺经常将自己在家庭内受到的所有负面情绪全部发泄给了小林，也就导致小林经常处于情绪低迷甚至失控的状态。如果小艺可以给小林更多的一些正面的、阳光的能量，小林的情绪也不至于到了无法控制的程度。正是因为小林内心最在乎的人小艺也生活在如此的家庭环境当中，更加让自己觉得这样的家庭、这样的父母对自己没有任何的关爱，严重的被抛弃的念头涌上心头，进而也就无心向学，甚至是出现抑郁。

四、对策与反思

（一）学校教育策略

1. 通过家访，以"诚"打动小林

在跟小林进行一次又一次的沟通，得到小林的同意之后，我决定去家访。趁着妈妈去买手机的空当去小林家里家访，也是为了不让小林一个人待着。当走近他房间的时候，看到的一幕幕，在我的脑海中几乎可以还原出当时的情景。破烂的柜子，粉碎的手机都还没有收拾，书本、饮料瓶、台灯……满地狼藉，还有墙上出现的貌似用刀造成的凹槽和划痕。

我们整个早上都在聊一些他非常感兴趣的话题，科技、物理、模型、化学，甚至在房间做实验，利用手机的零件进行废物再回收等。在我觉得时机比较成熟的时候，慢慢地去跟他分析他发狂的原因时，发现很大程度上是因为有小艺的电话或者信息，而现在手机坏了，中考也越来越近。为了避免跟小艺接触，也为了以防万一，我们决定在接下来的日子我帮他向学校请假，而他也听我的建议在坚持吃药的前提下，在外面的培训机构报一对一的补习班，用补习的方式把自己这一学期所欠的课程都补回来。至于药物是否继续吃，我建议他中考结束之后去复诊，如果没有问题，我们就不再吃药。

2. 通过关怀，以"心"感化小林

病情确认之后小林一直都没有上学，班级群里传开了各种说法，有些人说小林退学了，有些说小林离家出走了，也有些家长说我这个班主任连早恋问题都不会处理，导致学生都不愿意学习了。这些所有的内容，身处班群内的小林都看在眼里记在心里。虽然也有好心的家长过来提醒我各种难以入耳的说法，但是我自己知道自己的做法是由衷的。即使我的妈妈和太太对我也有一堆的埋怨，毕竟我的女儿也才刚刚出生，家里正是最需要人帮忙的时候，但是我仍然在坚持自己的做法。每天早上叫小林起床去上补习班或者去自习。我相信我所做的这一切，小林一定可以感受到我的用心。

3. 通过行动，以"爱"温暖小林

自从接班以来，我都有让学生写周记的习惯，当然小林也不例外。每一篇周记我都会亲笔回复很多内容。通过周记了解孩子的内心，通过书面跟孩子有深入的情感交流，每次在周记中发现一些问题，我都会第一时间找他聊天。

除此之外，学校每次月考之后，我都会找学生喝茶聊天，当然也包括小林，聊聊他们碰到的学习困难或生活困难，也正是一直以来对学生的关爱，让班级内的学生都非常喜欢跟我倾吐心事，而这些心事也不仅仅局限于成绩，甚至到初三的时候，孩子们找我聊天还需要预约档期，因为实在是排得太满了。

正是因为如此，当小林同学出现状况的时候，他唯独对我一直都不会排斥，所以才有了后来的他愿意接我的电话，愿意看我的手机信息、听我的话，愿意让我陪着一起去医院做检查，甚至同意在我面前被医生询问隐私，直到能够顺利开药。

本以为有了药物的控制就会好很多，然而没想到的是，精神类药物是有催眠效果的，四分之一的药量已经足以让小林从晚上 8 点睡到第二天 10 点，无奈之下，

小林说希望我每天叫他起床。我就这样一直坚持着，打电话的时间也由原来的打通说几句就醒，到了后来的一个电话需要聊20分钟才能保证他不会重新倒头又睡，就这么一直坚持到中考。尽管中考结束了，我也遵照承诺陪他去复诊。

小林正式考入高中后，因为药物的原因，有一天他迟到了，那天正好是教师节，他们学校正好有记者入校采访，所有的孩子都在班级上课，此时，迟到的他就出乎意料地变成了记者采访的对象。

记者问他："你最喜欢哪个老师？"

答："王雷老师。"

记者："为什么喜欢他？"

答："他对我特别好，我早上起不了床，但他每天早上给我打电话。"

记者："今天是教师节，你想对老师说些什么呢？"

答："谢谢您，王雷老师。祝您教师节快乐。"

（二）家庭教育策略

1. 建立家校沟通机制

因为她的妈妈曾经也出现过抑郁病史，虽然后来自愈了，但是我一直都非常担心会出状况，所以我坚持每天给他妈妈打几个电话询问当天小林的情况和她自己的状况，也不时会给小林的妈妈提出很多建议，比如用怎样的说话方式跟小林沟通他更容易接受等，比如对小林妈妈的教育方式给予必要的干预等，积极为小林的健康成长提供更好的环境。

2. 改善不良亲子关系

坚持跟小林的妈妈沟通小林的教育问题，要让她明白孩子的教育，家长是需要承担更多的责任，不能够以工作忙为借口，她自己必须要作出一定的改变。同时也提醒小林的爸爸，虽然离婚时法院将孩子判给了妈妈，但是父母的爱不可能被法院判别，不管他是不是有新的家庭和新的孩子，他都应该一如既往地在小林身上倾注心血，毕竟父母对孩子的爱是任何人都无法代替，也不可能代替的。

（三）教育反思

经过一段时间的沟通和努力，小林和他的妈妈都有了很大的改观，他们之间的关系也缓和了很多。但这也不禁让我反思，孩子的成长教育跟环境有很大关系，这种环境不仅来源于学校和同学，更多的是来源于家庭。家庭的离异，特别是父母关系的不合，对孩子关爱的缺失非常容易让孩子走向极端，只有以诚相待，以心比

心，以爱温暖孩子，才能最大程度地减少对孩子的伤害。

参考文献：

[1] 刘萌. 离异单亲家庭儿童心理干预个案研究［D］. 沈阳：辽宁大学，2015.

[2] 邵琦. 优势视角下的单亲家庭社会工作个案［J］. 青春岁月，2012（4）：360 – 361.

[3] 韩晓燕，魏雁滨. 离婚家庭青少年研究：一个独特个案的反思［J］. 青年研究，2004（7）：29 – 37.

[4] 凌辉，黄涛，李光程，等. 离异型单亲家庭儿童自立行为的现状与特点研究［J］. 中国临床心理学杂志，2019（5）：1045 – 1048.

爱迟到的孩子

邱丹曼

2020年9月,因原班主任休产假,我中途接手了一个初二班级。开学的前一天晚上,我接到了一个学生家长的电话。

听得出来家长很焦虑,对管教孩子已束手无策。原来,孩子跟家长对着干,沉迷于电脑编程不可自拔,而其所玩的编程都是被淘汰的算法,用他爸爸的话说就是搞这个没出路,完全是"过家家"。但孩子已沉迷其中,在家的时间除了坐在电脑前有点精气神,其他时间都如行尸走肉般。因为沉迷电脑,晚上经常很晚睡,早上起不来,导致天天迟到,有段时间甚至休学在家。对这个孩子,其实上任班主任已有交代,大致情况我已了解。面对家长的焦虑,我安抚说,做家长的只有把心态放轻松了,才不会将焦虑传递给孩子,亲子沟通才能顺畅,问题才能得到解决。教育孩子的前提,是首先要保证孩子心理健全,后续才能考虑孩子的其他问题。家长表示认同。挂电话后,家长又给我发来上千字的孩子情况介绍。看完后,我心情略显沉重,思忖着该如何解决这个棘手问题。

开学后,果然发现这孩子天天迟到。我决定先观察,再找合适的教育时机。一番观察下来,我发现这孩子到校后无论课内课外表现都很正常,和同学之间的关系也很融洽,在课堂上有时甚至表现很好。所以对他迟到的行为,我并没有表现出不满。我知道,解决他的问题必须找到一个突破口,而在此之前,必须先建立互相信任的师生关系。在与其他同学闲聊时,我特意问了他们对这个同学的印象。没想到同学们都说这孩子有才华,为人很好,只是有段时间不知什么原因休学了。

一周后,我想该找他聊聊了。没想到,听说要单独聊天时他瞬间就蔫了,一副无法沟通的样子。我心想,这应该就是孩子在家里的样子了。我装作不知情的样子微笑着问他为何每天都迟到呀?他面无表情地说不知道。这倒是在我的预测之内——他拒绝沟通。我并不着急地又问了几个问题,他都是面无表情地说不知道。思考了一会儿后我又问:"你对于迟到这件事,有没有过后悔或者是想改的想法呢?"他沉默了好一会儿,最后还是说不知道。他的反应告诉我,他肯定是想改变

的。于是我接着问他,"你有爱好吗?"他又沉默了一会儿说,没有,不知道。我想,据他父亲所讲,他视电脑编程如命,不敢说出来,是因为安全感不够,怕说出来像在家里一样挨骂。于是我没有接着逼问他,只是简单嘱咐说,老师很希望你能做到不迟到,准时到校。虽然我知道,在症结没有解开之前,他是无法准时到校的。

以后的日子里,我有意识地接近这个孩子,发现他在数学上很有天赋,往往一道几何难题,当大家冥思苦想不得其法时,他却已想出了好几个巧妙的解法,有时还能用几何画板演绎运算过程。对这么好的教育契机我自然不会放过,经常让他上讲台讲解。开头几次他还有些扭扭捏捏,不肯上台,后面看到别人的解法不如他的好,就主动高高举手,冲上讲台进行分析讲解,获得了同学们的盛赞,甚至被封为班上的"题圣"。同学们之间还流传着一句话:"有趣的题找 A,难题找 B,更难的题找 C。"他就是那个 C。

与此同时,我又找科任教师了解他的情况,同事们几乎异口同声地说他进步很大,以前不交作业,现在交作业了;以前上课发呆,现在上课也做起了笔记,甚至喜欢提问了。因为他的进步,科任教师们都很给力地表扬他。我暗暗为他的改变而感到开心。

大约又过了一周,他和我对话时不再面无表情了。我把他叫到办公室,先是大力表扬了一番,接着问他有没有发现老师们最近总喜欢表扬你呀?他抽动嘴角笑了起来。我趁势问,最近怎么进步这么明显?他又咧开嘴笑了笑说,不知道啊。见他终于放松了心里的警戒,我说,那你是不是该好好面对你早上迟到的问题了?说完我顺势拿出一把 30cm 的塑料尺,问他今天早上迟到了 5 分钟,应该挨几个板子?他很不好意思地缩着手说,1 个。听他说只愿挨一个板子,我不动声色地把旁边 1 米长的大钢尺抽了出来。他马上赔着笑脸改口说打 5 下,要打 5 下。就这样,他的迟到行为,终于得到了第一次的"惩戒"。

令我开心的是,第二天他居然没有迟到。同学们对于他的"巨大进步"报以雷鸣般的掌声,就好像他刚取得了一场艰辛的胜利。我则直接对他竖起了大拇指。对他说"你好棒"。第三天,他却又迟到了。在又一次领受了"惩戒"后,他每天的数学作业中多了一道题:请回答你明天的到校时间?虽然听起来问题有点"幼稚",他还是会很认真地回答我的问题。就这样,他一个星期大致有两天能正常到校,三天迟到。这于他而言已是很大进步,但作为老师,我自然不能放任他这样下去,于是再次提出要求:一周里你可以有一天是迟到的,剩下的四天要准时到校。因为原来的"惩戒"已不奏效,他挨完不痛不痒的板子会接着迟到。于是我问他,若是再迟到怎么办?他说要是迟到了就跑步。我想,迟到的一个原因就是走得不够快嘛,

若是跑得快了自然就能更快到学校了,况且他体育成绩不好,趁机锻炼锻炼身体可谓一举两得。就这样,我和他约定迟到一分钟跑一圈,虽然有点"狠",但我确信他能做好。

看来这孩子确实很想改变。接下来的两天他都没有迟到,我倍感欣慰。可是第三天,他又迟到了,因为这周他是第一次迟到,因此我没有责罚他。可是第四天,他迟到了4分钟。我本无意要惩罚他,可他却主动找到我问,"老师,我要什么时候跑?"我想对于体育不太好的他一口气要跑4圈怕会吃不消,便对他说你分开跑吧,下课了就下去跑一圈,分几次跑就好。其实我心里已打算默默地把这事给忘了。谁知到上第三节数学课时,他气喘吁吁地告诉我,他已经跑了三圈,只剩下一圈了。想不到这孩子还这么有毅力,我在心里默默地给他竖起了大拇指。

就这样,直至期末,他虽然一周仍要迟到一两次,但也很认真地执行着跑步"领罚"计划。意外的是,原来跑步成绩在班上倒数的他,期末时居然跑进了班上的前五,还能一边跑步一边喊口号了。我心里无比欣慰。虽然他的"痼疾"还没有解决,然而我们"创造"了一个自信骄傲的小伙子,一个满载同学与老师盛赞的阳光少年——即使他仍有"瑕疵",我依然为他的改变而高兴!

让学生学会"自我认同"

崔 迎

还在师范大学读书时,导师送给我一本《教学勇气》,让我好好读。书中有这么一句话:"真正好的教学不能降低到技术层面,真正好的教学来自于教师的自身认同和自身完整。"那时我并不懂这句话的真正含义,但"自我认同"一词却给我留下了深刻印象。走上工作岗位后,我意外地先在学生身上看到了"自我认同"的重要性。

高中新生由于要面对新的学习环境、更繁重的学习任务和更丰富的课余生活,往往会表现出一定的不适应,有的甚至弄不清自己的角色和任务,逐渐成为班级中的落伍者,子齐就是这样一个孩子。

开学第一天,我就注意到他了,因为即将到来的军训要求每班编排节目,我就委派艺术生子齐和另一同学负责。出乎意料的是,他一口回绝了,说自己只会弹钢琴,并不是艺术生,恐怕也完成不了任务。我只好安排了别的同学。但作为刚入学的新生,随口就拒绝了班主任递来的"橄榄枝",我倒要看看这是一个怎样的孩子。

在以后的时间里我留意到,子齐尽管长相秀气,却一点也不阳光,整天缩着脑袋坐在座位上,很少和旁边的同学聊天。有一天,我正上历史课,发现子齐有点走神,于是对他提了个问题,他站在那里答不出来。为了给他台阶下,我又提了一个更简单的问题,他还是沉默着,什么也不说。这时,周围同学已将答案说出来了,我想他只要重复一下答案就行了。于是又问了一次题目,但他依然默不作声。他的异常举动让我倍感纳闷。

下课后,我找他谈话,告诉他上课时提问他,是因为他没认真听课,他点头承认了。我问他为什么不回答问题,他望着地面不作声。"是不是觉得已经有人说出答案了,再回答也没面子?"我继续问道。"是。"他终于开口了。"那你是不是觉得我后来让你站着听课是故意惩罚你呢?"他干脆地回答说"是"。我笑着告诉他,让他站着是借此督促他认真听课,不要走神。

后来我了解到,子齐一直情绪低落的原因是中考没考好。原来初中时他的成绩是很不错的，但中考发挥失利，看着身边好友都顺利入读华附、省实、执信等名校，他的成绩却差了一截，这对他打击很大。为了"东山再起"，他选择作为择校生到铁一读书，希望在校风严谨的铁一中学实现"逆袭"。但来到新学校后，因为心情欠佳，他一直没融入新集体中，回家很少谈学校的事，周末也多是约以前的朋友出去玩。

为此，我特意安排了一位成绩不错、性格开朗的同学与他同桌，并在班级活动中经常点名让他参加，希望借此让他渐渐融入班集体。第一次月考，子齐的成绩不出意外地大幅度下滑。我找到他，告诉他我相信他的实力，鼓励他在期中考试中能有出色发挥。时间一晃而过，期中考试成绩出来后，我发现子齐略有进步，但不甚理想。我找科任老师了解原因。数学老师说，子齐经常会拿着一些省实、执信的试卷问他，但自己的课内作业却经常不完成；英语老师则提到，记忆类的作业子齐完成得很差；其他老师也多认为子齐脑子聪明，但比较懒，且偏重理科。后来，我仔细想了想，意识到子齐是陷入了矛盾之中。一方面，他真心地盼着进步，自己也在努力，但因还没找到在新集体中的认同感、归属感，所以没有足够的动力去支撑他全力以赴地学习。我想，只有让他打开封闭的心扉，让他认清现实，融入集体，他才能取得更大进步。

几天后，我把他叫来办公室谈心。为了拉近距离，我先讲了自己高中时的情况，当时也是中考失利，曾一度丧失信心，但经过努力最终考取了理想的大学。然后告诉他我已知他中考失利，因此一直给他创造机会，期待他早日走出失败的阴影，但没想到他两次考试都不尽如人意。他谈到了自己的一些问题，但看得出还没有认识到问题的根源所在。因此我一针见血地指出："你是不是觉得尽管现在没怎么努力，但等到期末考试时只要一认真，就一定会赶超同学？"他微笑着表示默认。我收敛住笑容，严肃地告诉他他想错了，成绩好的同学并非都是天天学到深夜的"呆子"，而是脚踏实地的行动者。我明确说："也许现在那些省实、执信的同学家长见了你还会客气地说：'哎呀，子齐挺聪明的，就是中考没发挥好。'但如果你自己也以为只是一时没发挥好，继续这样懒懒散散地学，等到高考后人家去了理想高校，而你又失利了，到时人家还会夸你聪明，只是一时没发挥好吗？"这话也许正戳中了他的痛处，他开始小声地抽泣起来。我没有去劝慰他，而是继续说："或许你还在留恋初中时的'辉煌'，不愿正视现在，但时光不等人，而且你现在已经落后了。如果还不能看清现实，努力迎头赶上，期末时你仍然不会有进步。到时，你如何再去和执信、省实的朋友比？"这时子齐已哭得一把鼻涕一把泪。略微平静心情后，他向我道了声谢，并承认我的分析很对，也表示以后不会再这样糊涂下去了，还主动把目前的一些学习问题提了出来，我也乘机给了他一些提议。谈话结束

后，看得出他心情变得轻松了，仿佛卸下了心中的一副重担。我相信，他会一步步走向优秀。

这件事让我感受到，高中生在入学初期的自我定位、自身认同是何其重要。如果能在短时期内融入新班级、融入新学校，认清自己的位置，认同现实状况，就可以敞开胸怀，以积极的姿态迎接新的目标和任务。反之，则可能陷入误区，影响整个高中阶段的发展。而每年的高一新生中，都会出现这样一些孩子，如何让他们尽快找到归属感，更好地学会自我认同，是班主任的一项艰巨而重要的任务。

新手教师二三事

毛 玲

一、良好沟通是有效教育的前提

"老师,你刚才为什么说我没有认真听课?"这天下课后,我刚走回到办公室门口,就听到身后传来一声怨怒的质问。

作为刚走上工作岗位一个多月的新手教师,第一次被学生如此质问,我的第一反应是有点无措的。稳定心绪后,我转过头,发现原来是陈同学——开学前两周,他因为作业态度不端正,早早就引起了我的注意,为此私底下我还找他聊过两次。上课时,我注意到他走神频繁,因此对他的学习态度也更加关注,时不时以点名提问的方式提示他不要走神。

这天的课堂上,一早我就发现他与同桌聊天且声音不小,干扰了课堂秩序,但由于正在讲重要知识点,为了不影响其他同学学习,我没有制止他。但后来在讲新知识点时,我又发现他低着头,一副游离于课堂之外的样子,这让我有些恼火,于是点名让他回答问题。结果不出所料,他没有回答出来,于是我提醒说:"这个知识点我刚讲过,不会就要认真听课。"之后没再关注他的情绪变化。他现在来质问我,显然是不认同我的处理方式。

简单交谈后我弄清了他感到委屈的原因,一是他低头时是在整理笔记,二是他无法接受这种批评方式。我当即对自己的教学行为进行了反思,并回复说:"好,老师理解了你的委屈。我的本意是提醒你上课时不要走神,但处理方式可能欠妥,这点老师承认做得不好。"陈同学没预料到我会认可他的观点,脸上现出惊讶之色,随后表情有所放松。

看到他情绪稍有平复,我问他:"你现在还有不良情绪吗?""没了。""那我和你聊聊我的观点吧。""嗯。"在征询他的意见后,我用设问的方式,引导他进行反思:"第一,刚开学时关于你的作业态度问题,我已经找你聊过两次了,你自己觉得是否有改进?第二,我之前也经常点名让你回答问题,你能明白老师当时的用意

吗?"陈同学估计马上想起了以前走神的行为,脸颊有些泛红,头也微微低了下去。

趁此机会,我和他深入交谈,了解到他的学习障碍在于理解和记忆能力不强,上课时听得懂、能理解,但由于知识点太多,他记不住,易混淆。于是我和他讨论如何解决这一问题,最后确定了一个他喜欢、认可并愿意尝试的方法——刷题,通过反复练习来加强记忆。

这是我职业生涯里第一件记忆深刻的事。回顾和反思整个过程,我切身感受到"沟通是师生关系和谐的最基本手段和方式"。通过这件事,我也意识到"教育方式的选择应当根据学生的不同情况来决定",也就是所谓的"因材施教"。

二、理解和鼓励是转化后进的基本方法

身为生物科教师,期中考试成绩出来后,将近半数学生生物科不及格的"残酷"事实让我深受打击。花了几天时间调整好心情后,我用思维导图的方式分析原因。根据图示,我利用晚自习的课间时间,与其中的每一位同学面谈,问询他们的学习障碍。之后,再根据他们的各自情况提出相应的解决方法,并监督其执行。

如胡同学身为班长,月考时成绩名列前茅,但期中考试生物科成绩下滑较大,在分析原因时,发现他不仅生物科,其他各科成绩都整体下滑较大。对此,我先与班主任沟通了解该同学情况,在了解到他并没有遭遇什么意外事件后,我约他到办公室面谈。他说:"老师,我知识点还行,但做题时有些看不懂在考什么。"对此,我解释道:"期中考试的出卷人是高三教师,出题思路仿照高考考卷,需仔细审题,快速提取出有效信息,运用逻辑思维解答。"胡同学听完我的解释后点了点头,接着又问道:"老师,那怎样提高逻辑思维能力呢?"我告诉他:"高一夯实基础是重点,首先要加深知识点的理解和记忆,其次逻辑思维能力可通过不断刷题来提升,刷题不应只追求数量,更需注意质量,重点练习从题干中快速提取有效信息的能力,思考出题人的出题目的,找出相应的知识点,问题就迎刃而解了。"说完我和他商议好了具体办法。最后达成了一致意见:每周四他来办公室找我抽背知识点。结果从一开始的磕磕巴巴到后来的对答如流,胡同学进步非常大,以至于他信心满满地说:"老师,我现在不怕期末考试,甚至有些期待了。"

又如,陈同学是一个腼腆的小女生,开学时因为生物科作业态度问题,我找她面谈过,但她态度消极,屡次面谈却依然我行我素。于是,我找班主任了解情况,发现她对其他科目的作业也是敷衍了事。于是我再一次找到她,直接让她默写一个简单的知识点。将答案给我后,她站在我身后不停地搓手指,看样子十分局促不安。我检查后给她画了一个 A+,笑着鼓励说:"全对哦!你很棒呀!你看生物其实也没那么难,对不对?"她先是有点儿震惊,接着边点头边害羞地笑了。第二

天，她的作业按时完成并上交，且在后来的默写中，可以明显感觉到，其作业正确率在不断提高。

这两件小事告诉我，同理心对于教师是必要的。学生出现问题时，我们首先要站在学生的角度，设身处地为他们着想，而不能先入为主，一味地认为学生就是"不听话"，并因此而怪罪他们。作为老师，要相信每一个孩子都是善良可塑的，他们就像一个个神奇的宝盒，只是需要我们找到合适的钥匙去打开而已。而作为教师，我们有很多途径去选择最合适的那把"钥匙"，并通过动之以情、晓之以理的方式打开学生的潜能，并让他们散发光热。

教育的起点

古佳燕

2014年秋，刚做班主任的我迎来了自己的第一届学生。开学注册当天，一位妈妈领着一名壮实的男孩来到我跟前，充满歉意地说："孩子休学一年了，他情绪控制能力不太好，可能要给老师添麻烦了。"在热情地把小男孩安排妥当后，我心里一阵嘀咕，小凡为何休学一年？情绪控制能力不好到底有多严重？

不久之后我就找到了答案。课堂上，小凡坐在凳子上扭来扭去，无法集中注意力。看书时，他只能跳着看，作业本上连一个完整的句子都写不出来。开学一个月不到，全班几乎每个学生都向我告过他的状：上课搞小动作，影响旁边的同学听课；常因小事和同学发生矛盾，一言不合就动手，甚至把同桌的手都弄骨折了，还拿不锈钢保温瓶砸同学的后脑勺……更令人担忧的是，每次与同学闹完矛盾，或被老师批评时，他就会用头猛烈地撞墙，同时嘶喊道："我不活了！不活了！"他力气很大，旁人几乎拦不住，因此每次都闹得人仰马翻。他如此一次次地爆发，一次次地让我提心吊胆，我的精神都快要崩溃了。

在与小凡父母沟通中，我发现他们不太重视孩子的心理健康问题，反而经常给他施加压力，对他的成绩提出过高要求，导致与他关系紧张，他也习惯了用消极的眼光看待身边的人和事。为了转变小凡，我经常找机会和他聊天，时常鼓励他。两个星期后，小凡开始有了一些变化，除了偶尔上课还会做些小动作、与同学发生小矛盾外，没有再发生大的问题。更重要的是，他开始懂得控制自己的情绪，不再用拳头解决问题。我暗自高兴：小凡变了。

然而，我高兴得太早了。这天放学后，我在办公室改完作业，准备去教室里看看卫生情况。当来到走廊拐角处时，眼前的一幕让我的心都提到了嗓子眼上。只见小凡跨坐在教室前的栏杆上，两只手不停挥舞，大喊大叫地说："让我死了算了！"班上的女生小红正死死地抱住他的左腿。我赶紧冲上去，和小红一起把他拽了回来。考虑到他的情绪，我先轻声细语安抚他，询问他为什么要发脾气。原来，当时已近六点，同学们都陆续回家了，小凡却一直在教室里磨磨蹭蹭地收书包，锁门的

同学着急回家，就不停催促他动作快点，两人因此发生言语冲突。明白了事情的大致原委后，我问他："你这样不珍惜自己的生命，想过父母的感受吗？"小凡说："反正他们也不爱我！我字写不好，成绩也不好，爸妈都说我没用。"

考虑到小凡的情绪暂时无法稳定下来，在与学校商议后，我建议小凡父母先把孩子带回家休息几天，并到医院接受专业的心理治疗。

以前，虽然小凡情绪过激时会说些"死了算了"之类的话，但我一直以为那是气话，没想到他真的会做出这样的举动。这让我深感震惊：什么原因会让一个少年放弃所有，结束自己的生命？那天晚上，我陷入沉思。回顾这段时间以来小凡的表现，我觉得他并不是真的想死，而是试图通过这种极端行为来表达内心诉求。他认为父母不够关心他，同学们不喜欢他，因此不如"死了算了"。

想到这里，我暗下决心，决不能放弃这孩子。

小凡在家休息期间，我召开了一次班会，号召同学之间要互相关爱，互相帮助。我告诉同学们，我们不应该过多地关注小凡的问题，并因此而排挤他、疏远他，因为这是在伤害他。我们应该发现小凡身上的闪光点，回应他内心深处的脆弱以及对爱和关心的渴望。班会结束时，我看到同学们的眼睛里有泪光在闪烁。与此同时，我积极与小凡父母沟通，让他们多关心鼓励小凡，不要给他太多学习压力。因为对现阶段的小凡来说，健康成长和融入社会才是最重要的，学习上只要尽力就好了。

小凡回来后，除了找机会和他聊天，鼓励他，我还给他安排了一项班级小任务——管理图书角，以此让他改变对自己的角色认知，发现自我的价值。每次他把图书角清洁干净后，我都会当着全班同学的面大力表扬他。我还给小凡发了一张幸福清单，让他每天到办公室和我分享一件开心的事，引导他用积极的眼光看待周围的人和事。刚开始时，小凡对于如何记录幸福清单很是苦恼，渐渐的，清单上记录的事情越来越多。他对之前因打伤同学而受的处分比较介意，我就鼓励他，只要他有所进步，学校会根据他的表现考虑给他撤销处分的，以此来培养他的规则意识，激励他改善自己的行为。同时，我发现自己对小凡的关心也直接影响了班上的孩子们，越来越多的孩子开始接纳小凡。他来不及抄作业登记时，很多孩子主动地拿出了自己的作业登记本；有的男孩甚至还和小凡相约着周末互相串门。小凡慢慢地在改变，变得爱笑，不再开口闭口就是抱怨；偶尔与同学发生小矛盾时，他开始懂得控制自己的情绪，不再用拳头解决问题。更难得的是，他与班里两位男生建立了很深的友情。

初中毕业后，小凡进了一所职中学习。他每隔一段时间就会和我联系，聊聊他的近况，和我交流他对一些事情的看法。那个原来心里充满阴霾的少年，已经学会

了拥抱阳光，开始理解父母，对他人有了感恩之心。为此，我倍感欣慰。

小凡的经历告诉我：教育的起点，是从老师的心开始的。对那些特殊的孩子，我们首先要做的是不轻言放弃，并努力放低姿态与他们对话，带着爱走进他们的心里，引领他们朝着阳光成长。

"后妈"轶事

朱曼琪

我第一次感觉到当班主任就像做妈妈,是在有一次让学生们写月考总结后,润同学在他的文章里写道:"朱老师既关心我们的学习,又操心我们的生活,甚至我们宿舍内的矛盾她也亲自帮助解决。朱老师不仅是一位认真负责、和善耐心的老师,更像一位妈妈,照料着我们的生活。"那时的我,刚接手这个班两个多月,被孩子们比喻成"妈妈",虽心生感动,但那时我其实未满23岁,提前当"妈妈",而且还是个"后妈",让我感觉到肩负的责任之重。

一、相识:让我轻轻地告诉你

说起来,我和孩子们是一起和他们的"亲妈"告别的。当时,他们哭得梨花带雨,我也哭得梨花带雨,因为他们的"亲妈"也是我的好朋友。那时,离七年级的暑假还有不到一个月的时间。

两天之后,我这个"后妈"就正式上岗了。由于我当时是这个年级的副级长,孩子们对我已有所了解,当然我对他们也是有一些了解的。尽管如此,我还是精心准备了一份自我介绍,就像刚认识新朋友一般,详细地向他们介绍了自己的性格和喜好,因为"没有了解就没有教育的开始"。同时,我也希望孩子们在充分了解我之后,也像我一样坦诚地介绍自己。为此我布置了第一份班级作业:一周内每个同学都来办公室向老师介绍自己。

令我没想到的是,孩子们竟然轮流着全都来了。那一周几乎每一个课间,我的办公桌旁都围满了孩子,他们事无巨细地介绍着自己的兴趣爱好、星座、家乡、在班级里的职位、住哪个宿舍、跟班里哪位同学要好等,我把这些信息都记录在花名册里。第一天去巡宿舍时就拿着这个花名册去认人,重复着他们的特点和优点。在此过程中,他们感受到自己被重视,感受到自己身上原来也有着这么多的闪光点。(而这项"浩大"的"工程",我花费了一个学期的时间才能完全攻克下来。)

其间,有一位孩子还很特别地用书信的方式向我做自我介绍,还画了一幅我的

画像送给我。后来,这孩子延续着这个习惯,经常用这种书信的方式和我交流。这也是我在这个班级里第一次感受到超越师生关系的温情。她会向我诉说和母亲的争吵、学习上的不如意、友情的失意,也会第一时间告诉我成功的快乐。最让人欣慰的是,孩子有着一颗懂感恩的心,常常向我表示感谢。然而,更应该表示感谢的应该是我,因为文采斐然的她给我写的信,让我每看一遍都会感动——这是足以珍藏一生的财富。

就这样,我和孩子们算是顺利地相识了。在和他们的"亲妈"告别之后,我们真诚地打开心扉,感受到彼此的热情和接纳。

二、相知:"后妈"的三十六计

要让孩子们真正接纳,非得有一些真本领不可。作为班主任,最该有的本领无非就是让这个班级越来越好。于是,我决定先从学科教学开始。庆幸的是,孩子们很喜欢我的课,接手短短一个月时间,他们的政治成绩就有了较大提升,教师威信在无形中慢慢树立起来。

新学期开始后,我精心设计了班级三条评优路线——六大战队评比、学霸宿舍评比、班级之星个人评比。孩子们在不同的集体中竞争与合作,打破了初一阶段的人际链条,以全新姿态开启了新学期的学习模式。他们对战队赛很上心,因为优胜队可以获得很多物质和非物质性的奖励。所谓"一个人走得快,一群人走得远",打造优秀的团队,对于整个班级的建设起着至关重要的作用。

我还通过教师推荐、学生自荐和民主选举的方式,重建了班干部队伍。在班里实行值周班长兼值日班长制,且让每个同学都担任一项班委工作,力求"人人有事做,事事有人做",极大地增强了孩子们的责任意识,也锻炼了他们的能力。

最重要的是,他们知道老师希望他们变好,所以都拼尽全力做好每一件事。因此我们赢得了很多荣誉——学校合唱比赛一等奖、三操展示总分一等奖、艺术节上舞蹈进了总决赛、学业成绩也节节攀升、被评为文明班级。孩子们发自内心地以班级为荣,因此也会努力地让班级以他们为荣。

在我的多方"施计"下,孩子们的学习热情越来越高涨,为此科任老师多次夸赞他们学习积极主动。他们就像在内心里点燃了火把,真的会为了一颗战队的星星去拼去闯。本来,初中阶段的学生渐渐进入叛逆期,要激发他们的自主内驱力并不容易,但如若外部的激励强化让他们体验到成功,慢慢地,他们也就会主动积极地去追求卓越了。

三、相爱：相亲相爱的一家人

不知不觉间，一个学期很快就过去了。慢慢地，我感觉自己已从"后妈"熬成了"亲妈"，和孩子们真正成为相亲相爱的一家人。

有一次，班里有个同学生病住院了。休养期间，她留言给我说，"朱老师，我真的特别感动，在我崩溃的时候有您的陪伴，那就像在一个灰暗的角落，您提着灯过来了，我需要这样的光，尽管我还没有迈出这一步，但是人终究是要战胜自己的。"这一度让我泪目。那一刻，我觉得"后妈"也好，"亲妈"也罢，我们已然是一家人了。在和副班主任带着同学们的心意去看望并传达了同学们的思念和祝福后，该同学写了一封回信给全班同学，还寄来五颜六色的糖果让同学们分享。为了鼓励她早日康复，同学们还给她录制了一个加油鼓劲的视频。这一来一回，我们的师生情谊也渐渐加深了。

慢慢地，我们一起度过了一个又一个幸福时刻。虽然只和孩子们相处了短短一个学期，我却真的有了当妈的感觉——会为他们一点点的进步欢呼雀跃，每次考试查分的时候比自己高考时还紧张，担心他们不按时吃饭、不按时睡觉，为他们改正错误的缓慢速度而担忧。真的应该感谢孩子们，他们非但没有让我体会到电视剧里的"后妈情节"，反而带给我很多温暖。

原来，当妈的"秘诀"其实很简单——发自内心地爱孩子，想尽办法让孩子们获得成长和进步。他们说我是"提灯而来"，其实我只是怀揣一个年轻老师满满的热忱和爱而来，也许它们并不成熟，没有像灯火一样通明；也许它们还是小心翼翼，没有经验在不断试错，但它们一定是诚挚的。而孩子的简单和善良，也让他们天然地有感知爱的能力。只要用心且尽力，孩子们一定知道。

在和孩子们相处的过程中，我们不断地获得成长，正如我们所坚信的，"让每一个人因我们的存在而幸福""变得优秀，才能给予他人更多的幸福"，我们在共同变得优秀，走向卓越。

我真的很不错

郭璀璨

"我真的很不错!我真的很不错!我真的真的真的真的真的很不错!""加上动作,再来一遍!"这是我与班上的孩子们一起度过的第二个教师节。作为一份特殊的礼物,他们为我跳了一段自编的舞蹈。感动之余,我不由得想起这些孩子刚入学时的情景。那时,为了鼓舞班级士气,我鼓励他们:"请同学们说出一两个自己的优点。"结果许多孩子都回答说"我没有优点""我学习不好""我基础差""我很调皮"……我困惑了,这究竟是一群怎样的孩子呢?

一、相识

入学全封闭式军训,与孩子们朝夕相处了五天后,我发现调皮的孩子果真不少。我有点担心了,就我这样温和的性格,能 hold 住这个活跃的班级吗?于是,我决心时刻保持严格和严肃的状态,丝毫不能放松。在五天的训练中,有几位同学总爱讲话、小动作也特别多,致使训练效果不佳,气恼的我不免要大声训斥他们。于是,孩子们在军训感想中写下了对我的最初印象:"我们班主任虽然有点凶,但长得特别漂亮,有时还很和蔼可亲。""我们老师虽然有点凶和严格,但我想有一个严格的班主任才会有一个好的班级。""我们班主任很漂亮,就是有点凶。"

就这样,一个"有点凶"的班主任和一群活跃的孩子开启了一段从"相爱相杀"到相亲相爱的校园生活。

二、接纳

开学第一个月,我几乎是在科任老师们的投诉中度过的。A 老师:"你们班摸底考试分数有点低呀,这要怎么教?"B 老师:"你们班的孩子上课怎么有听不懂的感觉,提问题没反应,也不会做笔记。"C 老师:"作业有一半人没有按要求做,做

了的也好多都做错了!"D老师:"广播操教了好几遍都没学会,还总是要停下来管纪律!"……

冰冻三尺,非一日之寒,孩子们的陋习是长期养成的。在与家长的沟通联系中,我听到了很多意料之中的话:"老师呀,我工作忙没有时间管他,这孩子就交给你啦!""我跟他爸爸都没读过书,不会教。""生意太忙了,家里没有人,他都是一个人在家自己管自己。"

我想,我不能接受这样一个班级。对他们的批评总是多于赞美,斗智斗勇、相爱相杀,总感觉很虐心,内心时常感觉要崩溃,可谓身心俱疲。一段时间后,我对学生的看法有了一点改变。虽然我总是凶巴巴地进教室,但孩子们见到我还是会很有礼貌地问老师好,教师节会送上很真诚的祝福,听到表扬会害羞,被严厉批评了也会哭,会因为拿到了文明班的荣誉而欢呼雀跃,被奖励了一颗糖能开心好久。这些孩子多么单纯可爱,虽然整体学习能力较弱,但心地善良、思维活跃,也愿意听从老师们的教导。

慢慢地,我接受了这样一群个性活泼的孩子,并试着欣赏他们的活泼。渐渐地我发现,原本令人头疼的学生,竟然给我带来了很多快乐。这让我对教育有了更好的理解:原来,只有接纳学生真实的样子,我们才能制订出更合乎实际和行之有效的管理策略,班级管理才会越来越顺利。看来,学会接纳是获得幸福感的开始。

三、赏识

如果一味用优秀学生的标准来要求基础薄弱的学生,学生只会在一次次的打击中丧失信心,变得自卑胆怯。经过一段时间的实践和思考,我决定转变策略,对学生进行赏识教育。没想到这一策略帮我破解了许多教育难题。

小李是班里的捣蛋大王,从小学开始就是班里的"刺头",没人愿意和他同桌。对他而言,同学们的投诉可谓司空见惯,老师们的批评教育对他来说也早就"无感",以至于他经常说:"反正我什么也做不好,反正我爸妈也不管我。"但据我观察,小李虽然顽皮,但头脑聪明,背英语课文时,如果着急回家,他经常可在20分钟内背完整篇文章。

在班干部竞选中,小李自荐担任了讲台管理员,负责督促同学们擦黑板和整理讲台。为帮助他重塑自信,每次他擦完黑板,我都要夸奖他一次,对他的不良行为则绝口不提。没想到,越夸他越有干劲,同学们对他的投诉也越来越少。学年结束时,我给他写了这样的评语:这一年以来,看着你变得越来越会交朋友,说话也学会了考虑别人的感受,课堂上也总能看见你专注听讲的眼神,老师真的为你开心。

学习上很有潜力，愿你的初中生活快乐、充实。由于得到老师和同学们的认可，他不再随便说话，对待老师也更加有礼貌了。

在一次次的谈心和夸奖鼓励下，"调皮大王"终于慢慢成长起来。整个班级也在老师们的鼓励与赞赏中不断进步，在学校各项活动中屡获佳绩，同学们的班级荣誉感越来越强。

最让我感动的是，在一次1000米跑的体质测试中，学生们说本来跑到后面已经没力气了，但一看到我站在前面，就又充满力量地往前冲。就这样，我与学生相亲相爱地度过了传说中容易叛逆的初二第一学期。

四、放手

学生升入初二年级后，由于繁重的教研与公开课任务，我被迫放手，将大部分班级管理的任务交到了班干部手中。原本以为他们会错漏百出，但他们的表现却经常超乎我的想象。

印象最深刻的是疫情后返校期间，学校组织了一次"线上跳蚤市场"活动，各班自愿参加，此项目由文娱委员叶同学负责。但令人担心的事终于发生了，虽然反复提醒，但叶同学最后还是忘了去团委报名。而同学们为这次活动已经准备好了各种商品，可是却突然被告知没有报名成功。

后来我想，我们不都是在犯错中成长起来的吗？在接受了我的批评和弥补建议后，叶同学周末回家后策划了一个班级拍卖会，让同学们下周把商品带到班里进行拍卖。叶同学不断在线上与同学们确认商品的价格与数量，根据商品制订了拍卖流程与规则，一直忙到凌晨1点钟，直到确认把所有事情都安排妥当了，他才安心去睡觉。班级拍卖会上，两位主持人变身为直播间带货能手，现场气氛十分热烈，师生们尽兴投入，取得了非常好的效果。孩子们在这次活动中也体会到，犯错并不可怕，重要的是要赶紧想办法补救。由此也教育学生们学会了如何负责任、有担当。

因为这次经历，在第二年的体育节和艺术节中，我再次放手，让班干部全程自主策划与组织排练，我只负责指导和给出建议。结果，从剧本编写、服饰道具购买，到舞蹈排练、舞台剧排练等，班干部们通力合作，最后演出取得了令人十分满意的效果。

从相识、接纳、赏识到放手，我们一路同行，互相成就，让彼此成为更好的自己。因为这段经历，无论学生还是我自己都深深地感觉到：原来，我们是真的很不错！

让德育"自然"发生

江钰玲

2019年寒假,是一次漫长的寒假。一场疫情打乱了几乎所有的社会秩序,孩子们不能如期返校,开始在家接受线上教育,而我也开始了一个"十八线主播"的工作。

刚开始时,我和孩子们都没有意识到问题的严重性,甚至还有点小开心,因为我实现了在家办公的梦想,而孩子们也可以一边享受着爸妈的"爱心投喂",一边继续着自己的学业。可渐渐地,大家开始感觉到一些异样了。我开始花样催作业,孩子也开始在日记和作文里"控诉"父母的过分控制欲,也有家长开始给我发信息商讨孩子的教育问题。四月份时,有孩子开始和父母干架、离家出走,有家长半夜给我发信息哭诉自己"教育失败"。当时的我既要督促孩子们按时做作业,又要像一个"线上消防员",一边开导孩子,一边安抚家长,真正的疲于奔命。有时我真想顺着电话线把孩子揪过来痛打一顿,有时又想把他拉过来抱一抱,安慰安慰他。总之一句话,在这个超长版的寒假里,不少家庭"收获"了相当糟糕的亲子关系。

这无疑对孩子们的成长极为不利,我开始思考如何改善这种亲子关系。在与孩子、家长沟通后,我感觉到问题主要还是出在孩子身上。由于受网络中对父母管教不正当判断的观点影响,部分孩子产生了"父母皆祸害"等质疑、控诉甚至丑化家长管教观念的心理,分不清什么是正当管教,什么是不当管教,但凡父母管教了自己就觉得是压抑自己天性,是错误管教。然而事实上,线上教育期间不少孩子确实自律性差,导致父母尤其是妈妈不得不配合老师盯着孩子上网课、写作业。如此一来孩子觉得妈妈太烦,妈妈觉得孩子太不自觉,导致争吵不断,亲子关系紧张。

幸好孩子们在五月份就复课了。由于复课的前一天正好是母亲节,我觉得教育时机来了,于是在家长群发了一条信息:"尊敬的家长,下午好!明天就是母亲节了,在此祝群里所有的母亲节日快乐!为了让孩子更深刻真实地体验到母亲的辛苦,现布置一份体验作业——'我有一个瓜儿子'。要求从明天早上七点半到后天早上七点半,每个孩子都怀抱一个'瓜儿子'(冬瓜、西瓜、哈密瓜都可以,重量

在3斤左右,由母亲准备并帮孩子捆绑在怀中),模拟母亲怀孕的过程,其间在任何情况下都不能取下来。"信息刚发出去,就得到了家长们的热烈响应和点赞。第二天,有不少家长在群里面晒出了孩子"怀'瓜儿子'"的照片。在早上晒出的照片中,孩子们个个一脸兴奋,但到了下午,不少孩子的沮丧、无奈就一览无遗了。到了晚上,有的孩子开始掉眼泪甚至撒泼了。但在家长的鼓励下,还是有不少孩子坚持了二十四个小时。

返校复课后,我利用第一节班会课时间,让孩子们谈了自己"怀'瓜儿子'"的感受。孩子们因为感受深刻,争先恐后站起来诉说"艰辛"。有的孩子说吃饭时"瓜儿子"会顶着肚子,洗碗时手得伸长才够得着洗碗池;有孩子说下楼梯时看不见路,"瓜儿子"还会坠着前倾,真担心自己会因此摔下楼梯;也有孩子说睡觉时仰卧会压着肚子,侧卧会扯着腰,反正怎么睡都不舒服;还有孩子说要出个门绑个鞋带什么的实在是太难了……听着孩子们的讲述,我心里暗自高兴,看来后面的话他们该是能听进去了。

我先肯定了孩子们的表现,对他们的感受表示认同和理解,但也明确指出他们所体验的怀孕不易只是真实怀孕过程中的九牛一毛。接着我给孩子展示了妈妈怀胎十月所要经历的身体变化和忍受的各种生活不便的图片,重点介绍了怀孕后期由于胎儿逐渐长大对妈妈的器官造成挤压,以及由此带来的便秘痛苦;为了孩子,有的妈妈甚至要戒掉自己喜欢吃的东西,去吃自己不喜欢吃的东西等情况。然后发出感慨:"人来到这个世界真的很不容易,而最不容易的就是妈妈。"所以即使我们忘记了自己在妈妈肚子里的记忆,也不要忘记每个妈妈都值得被尊重、被爱护……孩子们此时已非常安静,陷入思考。

讲完这些,我并没有直接说起他们在线上教育期间由于上课、写作业等问题与父母发生的各种冲突,转而和他们聊起了他们在寒假里种的瓜果蔬菜。由于白云校区的孩子大部分都住自建房,很多人家里的天台上都种了一些瓜果。孩子们在家时会帮着大人种种菜、浇浇水。于是我请一些孩子分享他们种瓜果蔬菜的乐趣。有孩子说,看到自己种的番茄结出了大大的红红的果实,他特别开心;有的孩子说,自己天天给生菜浇水施肥,生菜长得特别肥壮,吃起来脆生、甘甜,自己觉得特别有成就感……等他们讲完,我问:"你天天给自己种的菜浇水施肥,是不是希望他们能够长得好?如果你给它浇水施肥,它却总是不长,或长得不如人意,你会不会很伤心呢?"他们点头称是。我接着说:"尚且不说你是妈妈怀胎十月生下的孩子,即使是妈妈在十几年前的春天种下的一颗种子,用心浇灌后也会希望这颗种子能够茁壮成长。是一枝花,就开出最美的颜色;是一棵树,就长出参天的气势;即使是一株小草,也要长成李白笔下碧如丝的燕草。没有哪个妈妈希望自己的孩子长成歪瓜

裂枣，所以她才会对你严格要求。"听完我说的话，那几个曾与妈妈发生激烈冲突的孩子都低下了头，其他孩子也都陷入了思考。

之后，虽然我没有再与孩子们谈论这个话题，但从孩子们的表现和家长的反馈看，这次活动和班会课是有效果的。

记得此前我作为新手班主任时，找学生谈话总是非常生硬，讲的道理也会让学生感觉很遥远，所以尽管我非常用心，学生也能感觉到我的真诚，但却很难真正开解或说服学生。在老教师们的带动下，我慢慢学会了在日常工作中收集德育素材，寻找德育契机，将德育工作渗透在日常活动中。就如我留意到了学生线上教育期间在家种菜的细节，在这节班会课中便借学生对自己所种菜的期待来比喻妈妈对孩子的期待，虽然未必恰当，但比之以前生硬地说"妈妈是爱你的，妈妈只是希望你好"之类的套话，明显更容易让学生理解和接受。

作为班主任，直接正面处理学生问题不可避免，若能留意孩子的日常生活，注意在日常教育教学中渗透德育，必然会省心不少。我喜欢在周末时翻一翻家长们的朋友圈，看看孩子在家的表现；也喜欢在课间或午晚餐等时间悄悄观察学生，将学生值得表扬的行为拍成照片。在大课间遇见或者去巡视宿舍的时候，我会把孩子在家的优秀表现当着其他同学的面大大表扬一番。例如有个孩子虽然成绩不是很好，但在家时能熟练地给弟弟洗澡和换尿片，于是在做完课间操回教室的途中故作惊讶地与他聊天："真没想到你这么能干，还能熟练地帮弟弟洗澡和换尿片了，你真是个心细手巧的孩子！"这个孩子听了特别高兴，很长一段时间里晚修结束后都要特意跟我说一声"晚安"后才回宿舍。

有一次，我看到一个孩子主动帮班上随班就读的孩子系红领巾，便随手将这个情景拍了下来。随后我把这张照片放在了家长群，并在上语文课前把照片投影出来，告诉所有孩子这个情景让我非常感动。

像这样的夸赞表扬，我每天至少要对一个学生毫不做作、自然而然地说出来。其中的好处便是，即使学生成绩不好，但他一定会尽力做好力所能及的事，因为他会觉得不能辜负了老师的夸赞。所以虽然我们班有很多成绩差的学生，却较少有纪律很差的学生。

可见，只要在日常工作中多注意观察学生，多夸赞学生的优点，学生们自会更加积极向上，班级氛围自会更加融洽，所谓的德育工作也就会更加得心应手。

不"文明"的她

林洁滢

小颖是个乖巧的孩子,但好胜心极强。在课上,她总是认真听讲、积极举手发言,作业也都是高质量完成,是老师眼中标准的"优秀学生"。然而,我在课间观察到她有打人、讲脏话等行为,严重伤害了同学的自尊。于是,我利用期中考试她成绩下滑的时机,与她进行了深入的谈话。

"小颖,我看你成绩下滑得厉害,能和我分析一下原因吗?"

"我知识掌握得不扎实,而且复习不是很到位,考试粗心也是原因……"

"小颖,你认为什么样的学生是老师最喜欢的?"

"成绩好的?"

"不是的。在老师眼里,品德比成绩更重要。"

她似乎察觉到我在影射她的行为,于是和我说了自己做过的一些事情。

"爸爸妈妈这样教你对待同学的吗?"我生气地问道。

"老师,我爸爸妈妈离婚了……"她的眼泪一下哗啦啦地流下来了。那一刻我有些恍惚了。印象中坚强的她,这一刻像是卸下铠甲的"小刺猬",而我也从一个训导者,变为倾听者,静静地听她诉说自己的故事。

"自爸爸妈妈离异后,我就跟着爷爷奶奶住。小时候只有妈妈记得我的生日,妈妈会在凌晨下班回家后,拿着蛋糕给我庆生。尽管因为存放时间过长,蛋糕都馊了,但我也会往下咽,因为那是妈妈的心意。"

"那段时间爸爸妈妈闹离婚,爸爸的暴力行为让我害怕极了,而我能做的只是抱紧我的妈妈,害怕地哭泣。"

"爸妈离婚后,爸爸一年最多只回家四次,奶奶将她所有的爱都给了妹妹。奶奶对妈妈的诋毁,对我的不闻不问,甚至出口中伤我,都使我厌恶这个家。我的行为都是从奶奶身上学来的。老师您敢相信吗?在学校的五天是我一周中最快乐的日子,回家就仿佛回到了地狱。"

眼前这个哭得泣不成声的孩子让我十分心疼。我一边给孩子递纸巾,一边轻拍

她的背,安慰说:"会好起来的,学校就是你的家,你的舍友、老师就是你的亲人。我们既然没有办法改变现状,我们就改变自己。你已经是个大孩子了,可能奶奶的出发点是好的,只是忠言逆耳,我们在学会分辨信息的同时,也要学会自愈。"孩子倾诉完后,心情平复了许多。

都说每个问题学生的背后都是问题家庭,看来原生家庭对学生的影响确实非常大。为了跟踪小颖的后续发展,我将她的家庭情况录入班级学生心理档案之中。

几天后的周六,我收到了小颖发给我的 30 条微信,大意是她坚持不下去了,生活暗淡无光,没有希望。

我赶紧回复她:"有什么话都可以和老师说,老师能理解你的难处。你已经坚持了十几年,只要继续坚持,终究会有独立自主的一天。老师相信你能做到,老师和同学们也都会支持你,坚信你会拥有更美好的生活。"

不一会儿,她回复道:"老师,谢谢您!通过和您的倾诉,我的心情已经平复啦。我会努力的。"

后来有一天,班里的语文老师拿着期末模拟试卷对我说:"你看,你上榜了。"

我一看,原来是小颖的作文,标题为《安慰给了我勇气》。

自那以后,小颖与舍友签订了克服不文明行为的保证书,规定凡讲不文明话语就罚十元。此后,她的不良行为出现的频率从高频到低频,学习劲头又上来了。

小颖的故事让我意识到,虽然家庭是学生行为的第一影响源,但作为教师,一定要发挥学校教育的优势,做一个有"温度"的引领者,最终让学生由内而外地发生转变。

网课中的小风波

张 娜

2020年暴发的疫情，可以说给学校教育带来了极大的冲击，由此也诞生了新的教学形式——网课。由于是学校教育的新形式，推进中不免会发生各种各样的小插曲，给教师带来各种新的考验。

记得网课开始后的第8天，一个学生给我发信息说："老师，我做错了作业，可以明天补回今天的作业吗？"当时因为太忙，我忽略了这个信息。当天，我循例把没交作业的名单（其中自然包括他）反馈给了各自的家长。当天下午，我就收到了该生对我直呼其名的信息："××老师，我昨天已经告知您我的作业问题，可是为什么还要把我未交作业的事通告家长？我很不理解。或许您是无意，可这引发了我们家庭的激烈争吵。我恳请给一个合理的答复。"

当时，看到学生如此冒犯无理，我自然有点生气，但想想确实是自己疏忽在先，于是克制住情绪，回复说："不好意思，我忘记了，对此深感抱歉。不过，以后请注意看清楚每天的作业，以免引起不必要的误会。"过了一会，为免引起他家庭关系恶化，我又加了一句："需不需要我跟你家长再沟通一下？"学生回复说："谢谢老师，不需要了，我和我妈关系决裂了，多说无益。"我随即意识到问题的严重性，赶紧又回复了以下信息："很抱歉，昨天事情比较多，我一忙就忘记了。下次反馈作业时我会把情况说明一下。你先冷静下来，不要再和妈妈起冲突，等以后有了好成绩，她会看到你的努力的。"

这件事情过去之后，我还常常想起来，因为它引发了我的几点思考：一是网课期间无法面对面地交流，那么老师应该怎样和学生对话？二是疫情期间学生长期居家，面对家长"班主任"式的管理，亲子关系难免陷入紧张。

作为老师，我们可能一直在追寻一种与学生亦师亦友的理想关系，却又时常在教室、办公室里对学生端着身子板着脸，致使心与心之间隔山隔海，遥不可及。但网课期间，你想端着板着都不行了，因为学生看不见我们。师生联系由面对面的交流变成了电话、QQ或者微信联络。线上聊天，主要是看是否聊得投机。语气不对

或一言不合，对方就可能下线或潜水，不再做出回应。对此，作为老师，一定要坚持平等、尊重的原则，在沟通中尽量让彼此都舒服，如此教育才可能发生作用。

另外，当亲子关系发生问题时，老师一定要及早协调，不然不仅严重影响学生学习，还可能造成不可预料的恶果。对此，我们一方面要借助学校心理科室的力量，适时发送教学视频，引导家长科学应对。另一方面也可借助网络平台开展全班性的讨论，并根据个别问题有针对性地进行解决。同时，可以建议家长在家开展劳动教育等活动，让亲子在互动中加强理解和沟通。

总而言之，网课虽然是学校教育的新形式，但也并没有脱离教育的范畴。只要我们遵循教育的原则，在网课中继续给学生以引导、关爱，那么无论是什么样的教学形式，都必然向着理想的前方行进。

蹲下来，去走进孩子的心灵

朱伊泳

"朱老师，教师节快乐！"教师节一大早，我刚到办公室坐下，就看到小樊跑进来，边说话边塞给我一张贺卡，还没等我说声谢谢，她又匆匆地跑走了。打开贺卡，令我没想到的是，里面竟还夹着厚厚的一封信。信里说道："还记得初二年级运动会时，您鼓励害怕长跑的我，说：'无论结果如何，都应该去尝试，很多事情并没有想象中那么难。'这句话我一直记得，遇到困难时也总用它来激励自己。"……细细读着小樊的信，我不禁想起了这两年与她相处的点点滴滴。

印象中，小樊是个聪明的女孩，学习能力也不错，却有点懒，总喜欢待在自己的"舒适区"里，一遇到困难就轻言放弃。因此，她经常缺交作业，学习成绩一直原地踏步，班干部工作也做得不好。发现小樊的问题后，我找她谈了多次，但效果并不明显。读初二时，小樊报名参加了年级的学长团活动。开始时，她靠着团队的力量在活动中得心应手，顺利完成培训任务。那一天，学长团到五羊小学开展活动，小樊作为学长要带领小学生们玩游戏，这是一个有点复杂的游戏，她没有完全记住游戏规则，所以在教的过程中手忙脚乱，最终只能求助队友。作为带队老师，我在旁边默默地关注着小樊的一举一动。看着她的表现，我想应该趁着这个机会好好与她聊一聊了。活动结束后，小樊低着头一个人走在队伍的最后面，显然是对自己刚才的表现很不满意。于是我陪着她慢慢地边走边聊。

"老师，我没准备好。"

"为什么没准备好呢？"

"游戏规则有点难，我不太明白。"

"那你活动前为什么不求助队友，帮助自己弄明白呢？当我们要去教别人时，一定要对规则先烂熟于心才对，不懂就得问，直到弄明白为止。你遇到困难就回避，懒得去求助别人，才会导致在活动中如此窘迫。"

在批评之余，我也鼓励她，尝试着走近她，期望她能有所改变。在之后的相处中，我也经常鼓励她要勇于突破自己：她觉得写作难，我就鼓励她迎难而上，多写多练；她觉得背诵难，我就鼓励她脚踏实地，多背几遍……

其实，我早已不记得运动会中对她说了些什么，可贵的是，她记住了。更让人欣慰的是，小樊真的变了，升入初三年级后，我仿佛看到了一个新生的她，一个爱问问题的她。每天一下课，她就会捧着书追着我问问题——她已经敢于去直面困难，去努力克服困难了。

小樊的改变让我思考了很多，也让我更加明白了作为一名教师的使命。

从教两年，我深深明白了"想给学生一滴水，自己要有一桶水"的道理，于是我扎根教学，潜心研究，认真备课，努力将课讲得更好。在这两年中，我接触到了不同类型的学生，对于他们，越走近，我就越感觉到教师的职责远不止于上好课，而更在于激励和唤醒，去点亮孩子的心灯，让他们看见自己将要走上的人生道路。

教育植根于爱，从老师心底里发出来的爱，会生发一种浓浓的情怀，会激发一种生命的动力。就如莎莉文老师用爱融化了海伦·凯勒冰冷的心，重塑了她的生命一样，老师只有爱学生，才能有强烈的责任感，才会走近学生，从而发现学生的问题，并帮助他们解决问题。

蹲下来，去走进学生的心灵，你才会发现学生的世界原来如此多彩，并进而产生想要了解它、破解它的愿望和智慧，最终带领他们找到自己心中的圣山，建立自己心灵的图腾。

学会倾听

马瑞芳

开学第二天,早上上数学课时,我布置了一些练习题让同学们马上做,巡堂时发现A同学腿上放了一本别的科目的本子。我提醒说,"数学课不要看其他科目资料"。

她回答说:"我没有看,是这个本子滑下来了……"

我说:"我看见你在翻了。"

A马上辩解说:"它滑下来了,我只是确认一下这是什么本子,就准备放回去了。"

我说:"那就不用翻了,直接放回去就行了,因为现在上的是数学课。"

A继续辩解:"我没有看啊。只是翻翻确认一下是什么本子……"

然后她开始不依不饶地,不停地重复说她没有看,只是想看看这个本子是什么科目,然后准备放回抽屉。我见情形不对,就说不讨论这个问题了,不要影响其他同学上课。没想到她竟然回答道:"我没有说话呀,是你一直在说话!"

我一下心头火起,说:"从现在开始,我们都不要再讲话了!"她似乎满腹委屈,说:"是你在讲,我没说。"看起来情绪很激动,声音很大,还带着哭腔……见此情状,我说:"那就不要说话了,你现在情绪有点激动,要不要去办公室先冷静一下。"她说:"我不需要冷静,我现在很冷静。"

见她如此态度,我有点恼怒了,说:"你还是先去办公室冷静一下吧!"

A竟然说:"我现在不会走路,我出不去。"

见她如此执拗,我也来脾气了:"那你怎么到教室来的?"

A说:"我刚刚会走,现在不会走了,等下课又会走了……"

我瞬间崩溃了,只好先暂停与她的对话,继续把课上完。

后来了解到,A同学与班上男生B同学关系亲密,两人甚至在课室里拥抱过。宿管员也反映A同学经常在宿舍大堂找B同学,影响极其不好。而B同学是一个比较乖的孩子,从不做出格的事。于是我先找B同学了解情况,证实了他们是早恋

关系后，我对B同学进行了思想教育。他很认同老师的教诲，于是向A同学提出了分手。A同学因此情绪崩溃，失控大哭。

实际上，A同学此前跟多位科任老师在课堂上发生过不愉快，通过多次与家长沟通以及与她本人的接触，我们感觉到她是有一点问题的。鉴于她聪明，智商蛮高，我们开始时听取家长的建议，对她先进行冷处理，起初还是有一些效果的，但后来效果就不明显了。

为了解决她的问题，在那次课堂风波后，我和她进行了坦诚沟通。她很坦率地告诉我：她讨厌回家，不喜欢面对爸妈，觉得爸妈只关心她的学习，不关心其他，所以回家后也没什么话要跟家长聊，吃饭之后她就回到自己房间，把自己关在里面。她感觉自己得不到关爱和温暖，而爸妈只希望她做一个懂事、听话、成绩好的孩子。于是她就更加叛逆，"爸妈越想让我做好，我就越不想做好！他们想让我成为一个好学生，我就越要做一个坏学生"。就这样，她越来越放纵自己。尤其是住宿生活更让她觉得脱离了父母的"魔爪"，更加轻松自在。

她坦言，其实她不想来这个学校读书，她想去一个没有压力的学校，轻轻松松就可以成为班上的佼佼者。所以她觉得很痛苦，她不明白为什么要好好学习，为什么要考上好的高中、好的大学。她甚至觉得如果在社会上待不下去，就去死也行。这可怕的想法让我有些不寒而栗。

据我所知，她小学时成绩很优秀，但在数学竞赛的晋级考试中发挥不佳，因此没能进到自己中意的中学，为此而伤心难过。作为一个好强的孩子，她承受不了压力，接受不了这个结果，不知从什么时候开始，就变成了现在这个样子了。

后来，在与B同学的接触中，她感受到了关怀、温暖，这让她觉得这是一个可以依靠的肩膀。而且他愿意倾听她的困惑，愿意给她讲解全国青少年信息学奥林匹克竞赛班（奥信班是竞赛班，包含一系列相关比赛）听不懂的课程，因此当B提出分手时，A觉得整个世界都崩塌了。

听完她的倾诉，我很耐心地跟她说，爸爸妈妈没有办法陪伴她一辈子，以后的路要靠自己一步一步走下去，因此父母都希望孩子学习好，这样在未来才能有更大的竞争力，而不至于被社会淘汰。不要总是把父母当敌人，试着敞开心扉，多和他们交流，他们会教给你很多的人生智慧。

而对于和B同学的感情问题，我告诉她青春期对异性产生好感是很正常的事情，但双方应以互相欣赏为前提，以共同提高为目的，因为未来的路还很长，也会遇到更多优秀的异性。而且作为学生，现在的任务是学习，所以思想上要正确，行为上不能越界，否则就违反校规校纪了。同时给班级和同学们都造成了不良影响，

对自己的形象也是一种损毁，得不偿失。她听后很认同，心情也平复了许多。现在，他们虽然还"藕断丝连"，但比之前"正常"了很多。

A同学的故事让我认识到，每个孩子的内心都希望得到关心和爱护，而且相比于学习，他们更需要的是心灵与心灵的交流。作为教师，我们要在他们懵懂的青春期里，尽量地给予真诚的帮助，帮助他们走出迷茫负重的青春，最终走上适合自己的人生道路。

我们的成长

郑世绮

经常想起初入教坛第一个月的情形。那时，刚从"象牙塔"来到一线讲台，截然不同的生活，让我一时没法适应。我一度沉浸在自我怀疑的低气压中。初一学生的幼稚、不自律使我每天都像苦口婆心的"老母亲"般絮絮叨叨，学校层出不穷的活动更使我手忙脚乱。

好不容易熬过了开学初的不适应期，转眼时间来到了12月，学校一年一度的艺术节要开始了。此时，我的学生们早已从开学时对各种活动比赛的满怀激情，到现在的满怀失落。合唱比赛、班级风采展、校运会等活动，我们班拿到的都是三等奖，以至于学生打趣说："我们班永远逃不过魔咒'三'。"我笑着说："同学们，比赛最重要的是过程中的努力，没有拿到理想的成绩不代表我们不行，只能说进步空间还很大。这个月的学校艺术节活动，是我们翻身的好机会！"同学们纷纷响应，积极参与。很快，我们就选定了情景剧抗疫舞蹈《重生》，也确定了舞蹈演员和群演。

距离初审还有两周时间，学生们紧锣密鼓地抓住一切练习时间。晚自习不能排练节目，她们就挤出晚自习前的一个小时。平时课程学习紧张，且同学们大都没有舞蹈功底，我就和学生们商定在周五放学后加训。这样，每次训练前总能看到被夕阳染红的天空，而从舞蹈室出来时，也总能看到星辰或月亮。在那段时间里，我和同学们一样，想着节目，想着聚光灯，内心既憧憬又紧张。

很快，我们迎来了第一个考核环节——初审。当天晚上，我们就得知我们的节目初审通过了。我和全班同学内心都十分激动，像刚飞出牢笼的鸟儿般雀跃。这两周的努力总算没有白费。要知道，初审通过，意味着我们有机会拿到校区艺术节表演的一等奖。

终于到了正式表演的时间，我们坐在演员区等候。由于同学们都没有舞台经验，上台前都很紧张。看到我手忙脚乱地给她们化妆，她们好像被感染了，显得更紧张了。时间一点点过去，小品节目结束后，下一个节目就是我们班的了。同学们

看着别班学生淡定自如的表演，内心十分忐忑不安。我为她们的紧张而紧张，想想这么长时间的刻苦训练，就是为了这一刻能精彩地表演，我生怕她们因为紧张而发挥失常，于是目光柔和地看着她们，坚定地说："你们是今天最美的'白衣天使'，紧张是人之常情，不要害怕出错，要相信自己，相信你们洒下的汗水！"听完我的鼓劲，孩子们都猛然抬头，面露微笑，向我抿嘴点了点头，似乎有股暖流注入了心田，神色一下子舒展开了，手心也不再冒汗了，身体也不再哆嗦了。

于是，她们从容不迫地走上了舞台，淡黄色的聚光灯打在她们的身上，造型是那样的美。当熟悉的旋律响起，她们自然流畅地舞动着，即使戴着口罩也丝毫不减青春的激情。此刻，她们就是最美天使的化身，她们努力传达着对冲锋在疫情一线的广大医护人员最大的敬意——我读懂了，在场的师生也读懂了。当音乐从激越高昂的节奏变为轻柔舒缓的旋律，她们脱下口罩，扬起青春的脸庞，自信地朝全校师生望去。在一阵阵掌声中，她们缓步退场。此时，她们再也没有了候场时的胆怯不安。

我相信，有了这样一段经历，学生们一定拥有了春暖花开的勇气，拥有了直面困难的沉着。

表演结束后，同事们纷纷向我祝贺说，节目十分精彩，孩子们表现出色。有一个同事还感慨着对我说："这些孩子一生中能有机会登上舞台，能拥有这样一个属于她们的高光时刻，这是一份财富。孩子们应该感谢你，你就像风筝线一样，牢牢地拽着风筝，不让风筝掉落在地。"

我心里想，这帮孩子不也像风筝线一样，紧紧地牵着我吗？在以后的工作中，我依旧絮絮叨叨，手忙脚乱，不同的是，内心多了份独特的、很能让自己满足的小小的愉悦和幸福——这是我的成长，也是我和孩子们的共同成长。